회계학 콘서트

❹ 비용 절감

회계학 콘서트

④ 비용 절감

하야시 아츠무 지음 | 오시연 옮김

한국경제신문

돈 버는 회사의 비결

이 책은 《회계학 콘서트》 시즌 2다. 내용면에서는 《회계학 콘서트 1~3》과 이어지지만 독자들에게 좀 더 쉽게 다가가기 위해 무대를 바꿨다. 《회계학 콘서트 1~3》이 관리회계의 관점에서 이익을 다뤘다면 《회계학 콘서트 4》는 균형성과지표(BSC)라는 관점에서 다루고 있다.

균형성과지표란 재무적 관점(financial perspective), 고객 관점 (custo er perspective), 내부 프로세스 관점(internal business process perspective), 학습과 성장 관점(learning and growth perspective)이 라는 네 가지 관점에서 균형 잡힌 기업 경영을 하기 위한 관리 기법이다.

이 책을 끝까지 읽으면 알겠지만 이 책은 하버드 비즈니스스 쿨의 로버트 캐플란 교수와 데이비드 노튼 박사가 창시한 BSC 이론을 해설한 책이 아니다. BSC 이론을 이용했지만 이 책의 저변에 흐르는 생각은 피터 드러커 이론이다.

비즈니스에서 중요한 것은 회계 기간을 딱딱 끊어서 보는 순간적인 '이익'이 아니라 장기적으로 보았을 때 안정적인 이익(현금)을 창출하는 '고객을 창조하는' 것이다.

이 고객을 창조하는 대들보는 마케팅과 이노베이션이다. 또 이를 성공하게 만드는 주체는 조직에서 일하는 지식 근로자다.

피터 드러커는 "사업을 하는 목적은 고객을 창조하는 것이다. 구매하지 않을 것을 선택할 수 있는 제3자가 기꺼이 자신의 구매력과 교환할 것을 제공해야 한다(피터 드러커, 《창조하는 경영자》)"라고 했다.

그러나 현실은 고객 관점이라고 말하면서도 많은 경영자가 회사 내부의 관점에서만 비즈니스를 보고 있다.

또 내부 프로세스 관점이 어떤 의미인지 명확하게 알지 못하는 상태로 일을 진행하다가 실패를 반복하는 사례가 끊이지 않는다. 왜 그런 것일까? 이 책에서는 드러커 이론과 관리회계를 이용해 주인공 히카리의 눈으로 그 답이 무엇인지 생각해봤다.

이 책이 독자 여러분이 관리회계의 실무를 익히고 학습을 하는 데 조금이나마 도움이 된다면 저자로서 더없이 기쁠 것이다.

하야시 아츠무

- 스가다이라 히카리
  도쿄경영대학교 학생. 아즈미 교수의 수업을 듣고 있다.

- 아즈미 교수
  도쿄경영대학에서 회계학을 가르치는 경영 컨설턴트

- 이노키 준페이
  로미즈 이사 경영기획실장

- 미츠즈카 고메이
  로미즈 센노하타점 점장

- 야마시나 사에코
  로미즈 센노하타점 홀 담당 아르바이트

- 도무라 리카
  로미즈 센노하타점 홀 담당 아르바이트

- 오카자키 마나미
  간토경제대학교 학생. 로미즈 센노하타점 홀 담당 아르바이트

- 나카야마 준코
  로미즈 센노하타점 주방 담당 아르바이트

차례

패밀리 레스토랑, 전쟁이 시작됐다!

-2월-

ㅏㅈㅓ

카퍼즈 출점 전략회의

"다카라베 이사님, 본 건의 채택 가부를 결정하기 전에 다시 한 번 설명해주시지요."

대규모 패밀리 레스토랑 체인인 카퍼즈의 사장 야마노우치 마사오는 중앙에 앉아 있는 회장이자 아버지인 야마노우치 소스케를 의식하며 영업담당 이사인 다카라베 신이치에게 설명을 요청했다.

"방금 전에도 말씀드렸듯이 분쿄 구 센다기에 체인점을 낼 예정입니다. 그곳이 주택가라 주부와 학생, 가족 단위의 수요가 예상됩니다. 건설 예정지 옆에는 로미즈 센노하타점이 있습니다. JR 다바타 역에서 가깝다는 이유로 센다기(千駄木)의 센

(千)과 다바타(田端)의 하타(端, 端는 다른 글자와 붙여서 읽지 않을 때는 '하타'로 발음한다―옮긴이)를 따서 점포 이름을 센노하타점이라고 정했다는군요. 좌석 수는 100석, 1993년에 오픈했습니다. 거품경제가 붕괴된 직후죠. 로미즈 1호점이라 점포 자체는 공들여 지었지만 지금은 점포 상태가 엉망입니다."

"다시 말해서 점포를 수리할 돈조차 없을 정도로 실적이 저조하다는 건가?"

"흥신소에 의뢰한 조사 자료에 따르면 로미즈 전체적으로 실적이 부진하지만 센노하타점이 유독 나쁘다고 합니다."

"왜 적자인 지점을 그대로 두는 거지?"

소스케가 고개를 갸웃거렸다.

"로미즈라는 회사는 좋게 말하면 느긋하고 나쁘게 말하면 주먹구구식 경영으로 이익 관리에 별 관심이 없었다고 합니다. 최근에야 허겁지겁 컨설팅 회사에 의뢰해서 기업경영 재건 전문가를 스카우트했다고 합니다만."

소스케는 팔짱을 끼고 생각에 잠겼다.

"그래서 이번에 우리가 출점하는 목적은 뭔가?"

소스케는 사장인 마사오에게 질문의 화살을 돌렸다.

"목적 말입니까?"

당연한 것을 왜 새삼스럽게 묻는 건가, 마사오는 당혹스러웠다.

"그곳에 출점하면 로미즈의 고객을 어렵지 않게 빼앗을 수 있습니다. 그렇게 되면 우리 회사의 염원인 연 매출 1,000억 엔을 달성할 수 있을 겁니다."

마사오는 이렇게 말하며 회장에게 공손하게 고개를 숙였다.

"그러면 본 건의 채택 가부를 결정하겠습니다. 센노하타점 출점에 찬성하는 분은 손을 들어주십시오."

임원들은 만장일치로 손을 들었다.

그러나 정작 회장인 소스케는 여전히 팔짱을 낀 채 손을 들 기미를 보이지 않았다. 소스케의 얼굴에 못마땅한 기색이 역력했다.

"회장님, 만족스럽지 않으십니까?"

비록 사장 자리를 아들에게 내주었지만 창업자로서 소스케는 여전히 대표이사 회장이라는 직함으로 절대적인 영향력을 행사하고 있었다.

"연 매출 1,000억 엔이 보인다고? 점포를 내면 고객을 빼앗을 수 있다고? 대체 당신들 무슨 생각으로 이 회사를 경영하는 건가? 그럴 것 없이 로미즈를 통째로 삼키면 되잖아. 그게 카퍼즈를 일본 1위의 패밀리 레스토랑으로 만드는 방법이지. 1,000억 엔은 단기 목표일 뿐이야!"

제1장

모든 답은
현장에 있다

/

March

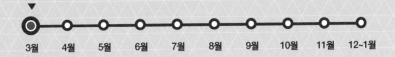

3월 4월 5월 6월 7월 8월 9월 10월 11월 12~1월

|3월|
March

도쿄경영대학 아즈미 교수 연구실

"자네에게 딱 맞는 실습처를 찾았네."

아즈미는 자신의 수업을 듣는 스가다이라 히카리에게 이렇게 말했다.

경영 컨설턴트인 아즈미는 이 대학의 특임교수로 관리회계를 가르치고 있었다.

아즈미의 수업을 듣는 사람은 2학년부터 4학년까지 3년 동안 관리회계를 배워야 한다. 그러나 수업을 들은 지 1년이 지난 지금, 히카리는 이 수업을 괜히 신청했다며 후회하고 있었다. 아즈미는 1년 내내 두툼한 전공 서적을 학생들에게 읽히기만 했을 뿐 정작 자신은 팔짱을 끼고 꾸벅꾸벅 졸기 일쑤였다.

그래도 히카리는 수업에 한 번도 빠지지 않고 교재를 끝까지 읽었다. 그렇게 성실하게 수업에 임한 데에는 다 이유가 있었다. 아즈미 수업의 핵심인 '클러크십'에 참가하려면 이 따분하기 짝이 없는 1년을 견뎌야 하기 때문이었다.

클러크십은 3학년생이 1년 동안 기업에서 실습하는 프로그램이다. 먼저 2학년이 끝나가는 봄방학에 각자 배정된 기업에서 2주일 동안 실제로 근무한 뒤 그 기업과 자신의 적합도와 적성을 따져본다. 그 기업과 잘 맞는다고 판단했을 경우에는 1년 동안 아르바이트생으로 계속 일한다. 아르바이트비도 당연히 지급된다.

그동안에는 수업에 들어가지 않아도 된다. 한 달에 한 번 아즈미와 만나서 그달에 겪은 일을 구두로 보고하면 그만이다. 미팅 장소도 좀 독특하다. 으레 교수 연구실이려니 하는데 정작 미팅 장소는 유명 레스토랑이나 달콤한 디저트가 있는 커피 전문점이다.

요컨대 1년 동안 아르바이트를 하면서 맛있는 디저트를 곁들인 수다를 떨면 최고학점인 S를 받을 수 있다는 말이다. 게다가 어찌 된 셈인지 클러크십에서 S학점을 받은 선배들은 일류 기업의 제일선에서 활약하고 있다. 이러한 이유로 아즈미의 수업은 인기 폭발이었다.

아즈미의 수업을 흔히 말하는 '인턴십'이 아니라 의과대학에서 쓰는 '클러크십'으로 부르는 데에도 이유가 있었다.

클리니컬 클러크십(Clinical Clerkship)은 의과대 학생들이 의료 현장에서 환자와 의사의 만남을 직접 보며 배우는 임상 실습을 의미한다. 아즈미는 살아 있는 관리회계를 현장, 즉 회사에서 경험하게 하겠다는 취지에서 이 방식을 도입했다. 그렇지만 클리니컬 클러크십은 아직 도쿄경영대학에서 정식 수업으로 인가를 받지 못한 상태였다. 그래서 아즈미는 개인적인 인맥을 써서 학생이 실습할 기업을 찾곤 했다.

"어느 회사에서 실습하게 되나요?"

히카리는 두근거리는 가슴을 가까스로 달래며 물었다.

그런데 아즈미는 "그 전에 말이지"라며 질문을 던졌다.

"클러크십을 하는 목적이 뭐라고 생각하나?"

"좋은 곳에 취직하기 위해서입니다."

히카리가 진지한 얼굴로 이렇게 답하자 아즈미는 고개를 가로저었다.

"틀렸어. 클러크십의 목적은 말이지, 자네가 1년 동안 공부한 지식이 아무짝에도 소용이 없음을 몸소 느끼는 것이야."

"네?"

히카리는 잘못 들은 게 아닌지 의심스러웠다. 그렇게 열심히 공부해서 배운 지식이 아무 소용이 없다니? 아즈미의 의중을 파악할 수가 없었다.

"해부학 책을 100번 들여다본다고 환자 몸에 메스를 댈 수 있겠나? 마찬가지야. 정말 중요한 것은 현장 경험이지."

두껍기만 하고 재미는 하나도 없는 전공 서적을 1년 내내 읽히더니 이제 와서 무슨 말을 하는 건지, 히카리는 기분이 나빴다.

"지식만으로는 아무 의미가 없다는 말이네."

아즈미는 자리에서 일어나 책장에서 수업에 쓰는 책을 빼서 책상에 놓았다.

"이 책에는 지식이 가득 담겨 있지. 과장된 표현이 아니라 말 그대로 인류가 긴 세월 동안 쌓아온 지식의 보고라고 할 수 있다네. 하지만 이 책은 도무지 재미가 없단 말이야. 자네도 그렇게 생각하지 않나?"

재미가 없다니, 정곡을 찌르는 말이었다.

"사실 정말 재미없는 수업이었어요."

히카리 입에서 자기도 모르게 본심이 튀어나왔다.

"아니, 그렇다고 그렇게 딱 부러지게 말하면 내 입장이 뭐가 되나? 하긴, 그게 사실이긴 하지. 그런데 관리회계가 왜 재미없는지 그 이유를 알고 있나?"

"…."

"지금의 자네는 수많은 선조가 내놓은 지식을 1년이란 짧은 기간에 베껴 쓰기만 한 상태이기 때문이야. 그뿐인가? 자네들은 비즈니스 현장이 어떤지 전혀 몰라. 그런 수박 겉핥기식 지식이 실무에 도움이 될 턱이 없지."

히카리는 잠자코 듣기만 했다. 대꾸할 말이 전혀 없진 않았지만 경험이 없는 것은 사실이니 그 점에선 반론의 여지가 없었다.

"그럼 다음 주부터 일하는 걸로 회사에 전해두지. 실은 그 회사 사장이 내 친구야."

"감사합니다. 어느 컨설팅 회사인가요?"

"컨설팅 회사라니? 자네, 로미즈라고 들어본 적 있나?"

"로미즈? 혹시 패밀리 레스토랑 로미즈 말씀이세요?"

로미즈는 일본의 간토 지역(도쿄를 비롯한 일본의 북동부 8개 현─옮긴이)에서 패밀리 레스토랑 체인점을 운영하는 중견기업이다. 히카리는 무슨 착오가 있는 건 아닌지 당황스러웠다. 애초에 컨설팅 회사에서 실습하기를 원했고, 그게 아니더라도 적어도 상장기업에서 일하게 되리라고 생각했기 때문이다.

"불만인가?"

"아니요. 하지만…."

"도쿄경영대학생이 실습할 곳 치고는 수준 미달이라고 생각하는군."

"그게 아니라…."

히카리는 부정했지만 사실 아즈미의 말이 맞았다.

"그것 참 유감이로군. 내 힘으로는 여기밖에 소개할 수 없는데 말이지. 하지만 좋은 점도 있어. 내 수업을 들었던 이노키 준페이 군이 그 회사 이사 경영기획실장이라네. 그 전에는 컨설팅 기업에서 근무했지. 예전부터 공부를 엄청나게 좋아하는 학생이었는데 툭하면 내 말에 반박하곤 했지."

"아, 네."

히카리는 건성으로 대답을 하고서 지푸라기라도 잡는 심정으로 물었다.

"다른 회사는… 안 될까요?"

"이미 그 회사 사장에게 부탁을 해놓았어. 그리고 자네는 실습생이지, 그 회사에 취직하는 것도 아니잖은가? 운이 없었다고 생각하고 경험 삼아 한번 해봐."

완전히 강 건너 불구경하는 말투였다.

로미즈 본사에서

로미즈 본사는 JR 니시닛포리 역에서 걸어서 10분 거리에 있었다. 지은 지 꽤 오래되어 보이는 건물은 당장이라도 무너질 것 같았다. 구식 엘리베이터가 히카리를 태우고 덜컹거리며 느릿느릿 올라갔다.

엘리베이터에서 내려 좁은 복도를 걸어가니 '로미즈'라는 간판이 보였다. 히카리는 칠이 군데군데 벗겨진 문손잡이를 당겨 열고 안으로 들어갔다. 구식 전화기 한 대가 눈에 띄었다. 히카리는 수화기를 들고 경영기획실의 내선 번호가 붙어 있는 버튼을 눌렀다.

"도쿄경영대학의 스가다이라라고 합니다. 이노키 준페이 실장님을 뵈러 왔는데요."

"스가다이라 씨 말씀이시죠. 기다리고 있었습니다. 수화기를 놓고 기다려주세요."

조금 뒤 한 남자가 나타났다. 회사원답게 말쑥하게 차려입고 머리 모양은 정확하게 7 대 3으로 가르마를 탔다. 검은 테 안경 너머로 붙임성 있어 보이는 쌍꺼풀눈이 보였다.

"스가다이라 히카리 씨?"

이노키는 히카리를 임원실로 안내했다. 말이 임원실이지 10제곱미터 남짓한 좁은 방이었다. 책상에는 서류가 산처럼 쌓여 있고 책장에는 경영과 회계 서적이 빽빽이 꽂혀 있었다.

"놀랐나? 앉지."

이노키는 히카리에게 소파에 앉으라고 권했다.

"어려운 책이 정말 많네요."

히카리가 주위를 둘러보며 말했다.

"난 취미가 공부야. 자네 취미는 뭐지?"

"여행을 하거나 음악을 듣기도 하고, 또 맛있다는 음식점을 탐방하기도 하고…."

"그렇게 지내면 발전이 전혀 없지."

'응? 뭐라고? 이 사람, 아즈미 교수님을 어떻게 생각하기에 이렇게 말하는 걸까?'

히카리는 문득 궁금해졌다.

이노키는 인스턴트커피를 끓이면서 히카리에게 말을 건넸다.

"직책이 이사라 눈코 뜰 새 없이 바쁘네. 그런데도 비서가 없으니 커피도 끓여야 하고 출장 준비도 혼자 해야 하지. 그래서 공부 시간을 내기가 이만저만 힘든 게 아니야."

이노키가 커피 잔을 히카리에게 건네고는 소파에 앉았다.

"미리 말해두겠는데 난 자네가 실습생으로 온다는 사실을 지난주만 해도 전혀 몰랐어. 우리 회사는 4월 결산이라 지금 바빠서 눈이 돌아갈 지경이거든. 하지만 사장님과 아즈미 교수님이 마음대로 정하셨으니 거절할 수도 없는 노릇이고."

히카리는 그게 어떤 의미인지 짐작조차 할 수 없었다.

"아즈미 교수님은 졸업하고 나서 한 번도 뵌 적이 없어. 그리고 난 교수님 수업을 따라가지 못해서 3학년 때 그 과목을 그만 들었지."

"그게 정말입니까?"

"내가 뭐 하러 거짓말을 하겠나? 나는 남보다 훨씬 더 열심히 공부했었고 누구보다 많은 지식을 갖추었다고 자부했었지. 하지만 교수님은 클러크십을 거치지 않으면 점수를 줄 수 없다고 하셨어. 말도 안 되는 소리지. 그래서 그만뒀네. 벌써 10년도 더 지난 일이지만."

이렇게 말하고서 이노키는 커피를 소리 내어 마셨다.

"자네 경영 컨설턴트가 되고 싶다며? 사장님이 그러시더군."

"아즈미 교수님이 아니라요?"

"아즈미 교수님? 방금 말했잖아. 나는 교수님과 연락 같은 거 안 한다고. 어쩌다가 내가 일하는 이 회사의 사장님이 교수님의 친구일 뿐이야."

"그렇군요⋯."

"난 대학을 졸업하고 다국적 컨설팅 회사에 들어갔어. 거기서 3년간 일하고는 다른 컨설팅사로 이직했지. 그다음에는 음, 뭐 사정이 좀 있어서 말이지. 이 회사 사장님한테 스카우트 제의를 받았네. 내 경험에 비추어 말하자면 클러크십 따위는 순전히 시간 낭비야. 그리고 나한테 관리회계는 땅 짚고 헤엄치기고."

이야기를 듣는 동안 히카리는 이 사람이 아즈미 교수에게 악감정을 품고 있는 것은 아닐까 하는 생각마저 들었다.

"정말로 이 회사에서 실습을 할 생각인가?"

"네."

당연히 그렇게 할 생각이다. 학생 시절에 경영에 직접 참여할 기회는 그리 쉽게 오지 않으니까.

"그럼, 스가다이라 씨."

이노키는 갑자기 공식적인 말투로 히카리를 불렀다.

"내일부터 웨이트리스로 일하도록."

"네? 경영기획실에서 일하는 게 아니었나요?"

"그러려면 10년은 더 공부해야 하지 않겠어? 아즈미 교수님은 항상 '사실은 현장에 있다'고 하셨지. 사실, 현장에 그런 건 없지만 말이야. 하지만 그 사실을 깨닫는 것만으로도 웨이트리스로 일하는 의미가 있을 거야. 뭐, 싫으면 그냥 돌아가면 돼."

이 얼마나 독선적인 태도인가. 히카리는 불쾌감을 느꼈다.

'내 느낌대로 이노키 선배는 아즈미 교수님을 존경하지 않는 것이 틀림없어. 그렇지만 선배의 제안을 거절하면 클러크십이고 뭐고 다 물거품이 돼. 딱 2주일만 참자.'

히카리는 이렇게 자신을 타일렀다.

"하겠습니다."

"좋아, 결정됐어. 마침 자네에게 안성맞춤인 지점이 있지."

이렇게 말하고서 이노키는 의미심장한 미소를 지었다.

웨이트리스로 클러크십을 시작하다

센노하타점은 JR 야마노테선 다바타 역에서 걸어서 10분 정도 떨어진 곳에 있었다. 로미즈 1호점이라는 타이틀답게 오래된 건물 벽 곳곳에 페인트칠이 벗겨져 있었다.

히카리는 직원 전용 출입구를 통해 사무실로 들어갔다. 그곳에는 서른은 넘어 보이는 한 남자가 컴퓨터 모니터를 노려보고 있었다.

"저, 미츠즈카 고메이 점장님이신가요? 본사 이노키 실장님이 말씀하신 스가다이라 히카리라고 합니다."

몇 번이나 그 말을 되풀이하고서야 그 남자는 히카리의 존재를 알아차렸다.

"스가다이라 씨라고요? 여기서 잠깐 기다려요."

미츠즈카는 자리에서 일어나 사무실을 나갔다가 조금 뒤에 돌아왔다. 손에 주황색 유니폼이 들려 있었다.

"이 옷으로 갈아입어요. 탈의실은 사무실 나가서 맞은편에 있어요."

히카리는 유니폼을 꼭 끌어안고 탈의실에 들어갔다. 너덧 명이 겨우 들어갈 법한 그 방의 벽에는 로커가 줄지어 있었다. 히카리는 유니폼으로 갈아입고 점장이 기다리는 사무실로 갔다.

방금 전까지만 해도 점장 말고는 아무도 없었던 사무실에 유니폼을 입은 아르바이트생들이 즐겁게 웃으며 이야기를 나누고 있었다. 미츠즈카는 히카리가 온 것을 확인하고는 입을 열었다.

"모두 모였군요. 그럼 이제부터 간단한 오리엔테이션을 하겠습니다. 나는 점장인 미츠즈카입니다. 여러분도 자기소개를 좀 해볼까요? 자네부터 시작하지."

미츠즈카는 이목구비가 또렷한 여학생을 가리켰다.

"야마시나 사에코라고 해요. 센노하타여고 2학년이고요, 이 곳 유니폼을 입는 게 제 꿈이었어요. 잘 부탁드려요."

사에코는 기쁜 얼굴로 환하게 웃었다.

미츠즈카가 다음으로 가리킨 사람은 자그마한 몸집에 아직 순진한 티가 나는 여학생이었다.

"전 도무라 리카예요. 사에코와 같은 고등학교 2학년이에요. 어렸을 때부터 이 지점을 정말 좋아해서 부모님과 함께 오곤 했어요. 잘 부탁드립니다."

이번에는 히카리 차례였다.

"스가다이라 히카리입니다. 지금은 도쿄경…"까지 말하다가 고쳐 말했다.

"도쿄에 있는 대학 3학년생입니다. 실습 때문에 2주 동안 일하게 됐습니다. 짧은 기간이지만 잘 부탁드립니다."

그때였다. 다른 색깔 유니폼을 입은 여자가 사무실로 들어와 아무 말 없이 미츠즈카의 옆자리에 앉았다. 미츠즈카는 조심스러운 태도로 세 명에게 그 여자를 소개했다.

"이분은 오카자키 마나미 씨입니다."

마나미는 무표정한 얼굴로 현재 간토경제대학 3학년이고 로미즈에서 2년째 아르바이트를 하고 있다고 자기소개를 했다.

"그럼 이제부터 마나미 씨가 우리 지점에 관해 설명해줄 겁니다. 나는 이만…."

이렇게 말하고서 미츠즈카는 종종걸음으로 사무실을 나갔다.

마나미는 퉁명스러운 표정으로 "여기를 보세요"라고 말하며 벽에 붙은 센노하타점의 내부 구조를 가리켰다.

"우리 점포는 홀, 주방, 창고, 사무실, 탈의실, 이렇게 다섯 군데로 나뉘어 있어요. 이 중에서 여러분이 일할 곳은 홀입니다."

마나미의 설명을 듣고 고등학생 둘은 고개를 크게 끄덕였다.

"히카리 씨, 듣고 있어요?"

가시 돋친 말투였다.

"가만히 있으면 이해한 건지 아닌지 알 수가 없잖아요."

히카리가 "네, 알겠습니다"라고 말하며 고개를 숙이자 마나미는 설명을 이었다.

"홀에는 테이블이 25개 있습니다. 4인용 테이블이니까 만석일 때는 손님이 100명이라는 말이죠. 하지만 바쁜 시간은 점심 두 시간 정도와 저녁 두 시간뿐이에요."

'꽤나 한가한 점포로군.'

센노하타점에서 히카리가 받은 첫인상이었다.

로미즈 센노하타점 내부

화장실				출입구
				계산대

드링크바

샐러드바

주방	사무실	남자 탈의실	여자 탈의실

식재료 창고	식재료 운반 출입구	종업원 전용 출입구

근무시간표

마나미는 또 다른 표를 가리켰다.

"이건 근무시간표입니다. 학교에서 쓰는 시간표와 비슷한데 시간대별로 담당자 이름이 적혀 있어요. 시간대에 따라 아르바이트생의 수가 다르다는 점을 기억해두세요. 오전 7시대와 밤 11시 이후에는 조조 근무수당과 심야 근무수당이 붙지만 고등학생은 심야 시간대에는 투입하지 않습니다. 오늘부터 여러분은 여기 쓰여 있는 시간에 일해야 해요. 퇴근하기 전에 반드시 다음 근무시간을 확인하세요. 질문 있나요?"

그러자 리카가 손을 들었다.

"근무시간표를 보는 방법 말인데요. 저는 오후 5시, 6시, 7시, 이렇게 세 시간 일하고 8시에 퇴근하면 되나요?"

"맞아요. 다시 한 번 말하지만 자신이 근무하는 날과 시간을 반드시 숙지해야 합니다. 갑작스레 일이 생겨서 그 시간에 일할 수 없을 때는 사전에 점장님에게 연락해야 해요. 여긴 학교가 아니에요. 무단결근은 점포와 다른 아르바이트생에게 폐를 끼치는 행동이라는 것을 명심하세요."

"저도 질문 있는데요."

로미즈 센노하타점 홀 근무시간표

3월 22일	다카야마	모리	다나카	곤도	스즈키	스가다이라	야마시나	도무라	오카자키	고야마	소노베	치치부	근무 인원
시간	대학생	파트타이머	파트타이머	파트타이머	파트타이머	대학생	고등학생	고등학생	대학생	대학생	대학생	대학생	근무인원
7	1	1											2
8	1	1											2
9	1	1	1										3
10	1	1	1	1									4
11	1	1	1	1									4
12	1	1	1	1									4
13		1	1	1	1								4
14			1	1	1								3
15				1	1	1							3
16				1	1	1							3
17					1	1	1	1					4
18						1	1	1	1				4
19							1	1	1	1			4
20									1	1	1		3
21									1	1	1		3
22										1	1	1	3
23											1	1	2
24											1	1	2
25												1	1
근무 시간	6	7	6	7	5	4	3	3	4	4	5	4	58

조조·심야 근무(수당 있음)

※주방 근무시간표는 별도(생략)

이번에는 사에코였다.

"이 점포에서 일하는 사람은 점장님을 제외하고는 모두 아르바이트생인데 왜 그런 거죠?"

마나미는 느닷없이 히카리에게 그 질문을 던졌다.

"히카리 씨는 대학생이죠? 이유가 뭐라고 생각해요?"

"정규직을 쓰면 인건비가 지나치게 높아지기 때문입니다."

히카리는 속으로 '당연한 거 아냐?'라고 생각했다.

"그게 다예요?"

"네, 그렇게 생각하는데요."

히카리가 이렇게 대답하자 마나미는 짜증스러운 표정으로 이야기를 시작했다.

"그게 대답이다 이거죠? 히카리 씨는 상황 파악을 전혀 못하는군요."

"다른 이유가 있나요?"

"지금까지 내 설명을 어디로 들었어요? 시간대에 따라서 아르바이트생 수가 다르다고 말했잖아요."

마나미는 다시금 근무시간표를 가리키며 말을 이었다.

"우리 점포의 영업시간은 오전 7시부터 새벽 2시까지 열아홉 시간이에요. 손님이 가득 차서 정신없이 바쁠 때도 있지만 한가할 때도 있어요. 하지만 손님이 없다고 문을 닫을 수는 없는 노릇이니 영업시간에는 점포에 종업원이 반드시 있어야 한다는 말이죠."

잠자코 이야기를 듣고 있던 리카가 입을 열었다.

"알았다! 손님 수에 맞춰서 아르바이트생 수를 늘리거나 줄이고 있네요."

"리카는 머리가 참 좋네! 시간대에 따라서 점포가 붐비는 정도가 다르니까 붐빌 때는 아르바이트생을 많이 넣고 한가할 때는 적은 인원으로 대응합니다. 만약 종업원이 모두 정규직이라면 손님이 오든 안 오든 상관없이 가장 바쁜 시간대에 맞춰서 고용해야겠지요. 월급제인 정규직만 고용한다면 인건비가 증가할 테고요. 게다가 한가한 시간에도 홀에 종업원이 잔뜩 있다면 하릴없이 빈둥거리기만 할 거예요. 그런 것도 몰라요?"

마지막 물음은 분명히 히카리를 겨냥한 말이었다. 역시 가시 돋친 말투다. 히카리는 분한 마음을 애써 눌렀다. 사실 마나미의 말은 틀리지 않았다.

종업원 전체를 날마다 근무하고 고정 급여를 받는 정규직으로 고용하려면 바쁜 시간대를 기준으로 채용해야 한다. 그러면 인건비가 늘어나 점포를 규모 있게 경영하기 어렵다. 그래서 로미즈에서는 점장만 고정 급여를 지급하는 정규직으로 채용하고 다른 종업원은 손님 수에 맞춰서 시간 단위로 파트타이머나 아르바이트생을 쓰는 방법을 채택했다. 이렇게 하면 결과적으로 총 인건비를 절감할 수 있다.

"이제 알겠어요?"

마나미의 의기양양한 목소리가 사무실에 울려 퍼졌다.

가장 붐비는 시간

고등학생인 리카가 천진난만한 목소리로 이렇게 물었다.

"가장 바쁜 시간이 언제예요? 아르바이트비가 같다면 이왕이면 한가한 시간이 좋은데."

"가장 바쁠 때는 점심시간인 오전 11시 반부터 오후 2시까지와 저녁시간인 오후 6시부터 8시까지예요. 그래서 그 시간대에는 홀, 주방 할 것 없이 아르바이트생이 무척 많아요."

"저희는 오후 5시부터 8시까지니까 처음 한 시간은 한가하지만 나머지 두 시간은 바쁘겠네요."

리카가 걱정스러운 얼굴로 말했다.

"홀에 있는 25개 테이블이 꽉 차는 건 아주 잠깐뿐이에요. 그리고 그 시간대에 홀에서 일하는 사람이 네 명이나 되니까 그렇게 바쁘다는 생각은 안 들 겁니다."

이어 마나미는 주방 근무시간표를 가리켰다.

"이건 주방 근무시간표입니다. 이 중에서 나카야마 준코 씨는 꼭 기억해두세요. 예전에는 상근직 주방장이 있었지만 지금은 파트타이머인 준코 씨가 주방장 대신으로 일하고 있어요."

"주방장님은 무슨 일을 하시는데요?"

리카가 물었다.

"일반적으로 패밀리 레스토랑은 본사에서 들여온 식재료를 굽거나 볶기만 하면 되지만 우리 점포는 직접 만든 피자가 주 메뉴죠. 또 많지는 않아도 여기서 직접 개발한 계절 메뉴도 있고요. 그러니 준코 씨가 없으면 점포가 돌아가지 않아요. 또 모르는 게 있으면 언제든지 질문하세요."

마나미는 이렇게 말하고서 홀 쪽으로 걸어갔다.

제2장

이곳이 적자 점포라니 믿을 수 없어!

April

3월　4월　5월　6월　7월　8월　9월　10월　11월　12~1월

| 4월 |
April

24개월 연속 적자!

예정된 2주가 흐르고 아르바이트 마지막 날이 다가왔다. 로미즈에서의 실습은 비교적 단조로웠다. 날마다 아르바이트 고등학생과 똑같이 손님에게 주문을 받고 요리를 나른다. 간혹 고약한 손님이 와서 대수롭지 않은 일로 발끈할 때도 있다. 마나미는 심술궂은 태도로 일관했고 유치한 로미즈의 유니폼도 끝내 정이 가지 않았다.

히카리는 이노키의 말이 옳다고 생각했다. 이런 일을 할 시간에 차라리 학교에서 공부를 하면 꽤 성장할 텐데.

'더 이상 못 참겠어!'

히카리는 마음속으로 수도 없이 울부짖었다. 이런 식으로 로미즈에서 1년이나 웨이트리스를 한다는 건 상상할 수도 없었다.

'지금 당장 아즈미 교수님에게 실습처를 바꿔달라고 부탁하자. 그게 안 된다면 아쉽지만 클러크십은 포기하고 다른 진로를 모색하자.'

히카리는 이렇게 마음을 굳혔다.

히카리는 아르바이트 동료에게 작별 인사를 하려고 평소보다 일찍 출근했다. 옷을 갈아입으러 탈의실에 들어가려는데 옆방인 사무실에서 신음 소리에 가까운 말소리가 들렸다.

"정말 미치겠네."

히카리는 그 탄식이 어떤 의미인지 알 수 없었다. 사무실 문틈으로 안쪽을 살짝 엿보았더니 미츠즈카가 심란한 표정으로 머리를 감싸고 있었다.

"점장님."

히카리가 말을 걸었다.

미츠즈카는 기운 없는 목소리로 "아, 히카리로군"이라고 말하며 초점 없는 눈을 돌려 히카리를 바라보았다.

"나 좀 잠깐 나갔다 오겠네."

미츠즈카는 몽유병자처럼 비틀거리며 일어나다가 중심을 잃고 옆에 있던 플라스틱 휴지통을 차버렸다. 휴지통 안에 있던 종이들이 바닥에 흩어졌지만 미츠스카는 주울 생각도 하지 않고 불안한 걸음으로 사무실을 나갔다.

히카리는 하는 수 없이 흩어진 종잇조각을 줍기 시작했다. 그러던 중 '월별 재무제표'라고 적힌 종이가 눈에 들어왔다.

보면 안 된다고 생각하면서도 히카리는 그 종이를 펴봤다. 그것은 센노하타점의 3개월간 손익계산서였다. 맨 위에는 매출액이, 그 아래로는 변동비(재료비), 개별 고정비인 인건비, 임대료, 관리비, 기타 비용, 감가상각비가 적혀 있었다. 맨 아래에 쓰여 있는 건 점포 이익이었다.

히카리는 가슴을 두근거리며 자료를 한 장 한 장 넘겼다. 마지막 장에 경영기획실장이란 직함과 함께 이노키의 코멘트가 적혀 있었다.

> 이번 달로 24개월 연속 적자. 비용 삭감 노력 부족

이 점포는 '적자'였다. 그것도 2년 연속으로 적자이며 전혀 개선되지 않았다. 이 일로 미츠스카 점장은 궁지에 몰렸으리라.

그때였다. 복도에서 아르바이트생들의 목소리가 들려왔다. 히카리는 후다닥 월별 재무제표를 주머니에 집어넣고 화장실로 뛰어 들어갔다.

로미즈 센노하타점 월별 재무제표(3월)

(단위: 엔)

과목		금액	비율
매출액		9,500,000	100%
변동비		3,400,000	35.8%
재료비		3,400,000	35.8%
한계이익		6,100,000	64.2%
개별 고정비		7,920,000	83.4%
인건비	급여 · 교통비	3,900,000	41.1%
임대료와 관리비	임대료	1,500,000	15.8%
	수선비	250,000	2.6%
기타 비용	수도 광열비	920,000	9.7%
	광고 선전비	250,000	2.6%
	소모품비	220,000	2.3%
감가상각비		880,000	9.3%
공헌이익		△1,820,000	
공통 고정비(본사 비용)		950,000	10.0%
점포 이익		△2,770,000	

△는 마이너스를 의미함.
이익이 마이너스인 경우 적자

인건비를 줄여라

히카리는 화장실에 들어가 문을 닫고 주머니에서 손익계산서를 꺼내 다시 한 번 이노키의 코멘트에 시선을 두었다. 코멘트를 읽을수록 이 점포가 당면한 상황이 얼마나 심각한지 피부에 와 닿았다. 손익계산서에는 이렇게 적혀 있었다.

> 매출 대비 인건비가 40%를 초과했음.
> 이를 30%까지 줄여야 함.
> 내일까지 아르바이트생 감원 계획서를 제출할 것

이건 정리 해고잖아? 히카리는 기가 막혔다. 관리회계를 배운답시고 2주일이나 이곳에서 일했건만 아무것도 감지하지 못했다. 확실히 장사가 잘 되는 편은 아니었지만 이렇게까지 경영 상태가 나쁜 줄은 꿈에도 생각하지 못했다.

이대로 모르는 척하고 클러크십을 그만둬도 될까, 히카리의 가슴속에서 갈등이 싹텄다.

히카리의 결단

그날 센노하타점에서 일을 마친 히카리는 니시닛포리 본사로 이노키를 찾아갔다. 클러크십을 계속할지 말지 의논하기 위해서였다.

임원실에 들어서자 이노키가 기다렸다는 듯이 입을 열었다.

"어때, 내 말이 맞았지? 일은 시시하고 사람들도 하나같이 머리가 나쁘지. 이런 아르바이트 계속해봤자 시간 낭비일 뿐 취직하는 데 아무 도움도 되지 않을 거야. 학교에서 열심히 공부하는 게 훨씬 이득일 텐데. 학교로 돌아가서 아즈미 교수님에게 클러크십 같은 건 시간 낭비일 뿐 전혀 쓸모가 없었다고 말씀드리지그래."

그러나 히카리는 그 말에 수긍하지 않았다.

"선배님 말씀대로 이상한 사람도 있고 유치한 유니폼을 입고 일해야 해서 정말 괴로운 2주일이었어요. 하지만… 계속하겠습니다. 센노하타점에서 계속 일하고 싶어요."

"뭐라고? 진심으로 말하는 거야?"

"진심입니다. 그 지점, 적자죠?"

"그걸 어떻게 알았지? 자네가 알 턱이 없는데."

히카리는 가방에서 재무제표를 꺼내 책상에 놓았다.

"이걸 주웠어요."

"앗?!"

이노키는 재무제표를 보고 내용을 확인했다.

"이걸 어디서 주웠지?"

"쓰레기통에서요. 쓰레기통이 엎어졌는데 흩어진 서류들 틈에 있었어요."

"서류 분쇄기에 넣지 않고 그대로 버렸단 말이지."

이노키는 입속말로 뭐라고 욕을 했지만 금세 이성을 찾고 이렇게 말했다.

"이걸 주운 사람이 자네여서 다행이군. 이렇게 회수할 수 있으니 말이야. 미츠즈카 점장은 재무제표가 기업의 일급비밀이라는 사실조차 모르는 모양이야. 자네는 알고 있겠지만."

"물론이죠."

히카리는 고개를 크게 끄덕였다. 하지만 자신의 공부를 위해 이곳에 오기 전 편의점에 들러 재무제표를 슬쩍 복사한 것은 말하지 않았다.

"그럼 질문을 하나 하지. 적자의 뜻을 말해봐."

"매출에서 비용을 뺀 금액이 마이너스라는 뜻입니다. 그 정도는 회계를 공부한 사람이라면 누구나 아는 내용인데요."

"그럼 적자가 나면 어떤 문제가 생기지?"

히카리는 당황했다. 거기까지 생각해본 적은 없었기 때문이다. 그래도 이내 답이 떠올랐다.

"적자가 나면 들어오는 돈보다 나가는 돈이 많기 때문에 결국 돈이 부족해져서 부도가 날 우려가 있습니다."

유명한 기업이 적자가 나면 신문이나 텔레비전에서는 큰일 났다고 보도한다. 즉 적자는 회사가 망해가고 있다는 일종의 신호라고 히카리는 생각했다.

"공부를 하긴 했군. 그 지점은 손님은 적은데 아르바이트생이 너무 많아. 매출 대비 인건비가 지나치게 높아서 이익이 나질 않아. 본부에서 지원하는 돈으로 겨우 유지하는 상태야."

'그랬구나.'

히카리는 그제야 이해할 수 있었다. 그래서 아르바이트생을 줄이려는 것이었다.

"학생인 자네에게 자랑하긴 좀 민망하지만 나는 사장님의 특명을 받고 이 회사를 재건하는 임무를 맡았어. 이건 장난이 아냐. 하루하루가 긴장의 연속이지. 그러니 미안하지만 자네를 챙겨줄 시간이 없어."

이노키는 "적자라는 이야기는 아무한테도 하지 말게"라는 말을 남기고 양복 윗옷을 입고 임원실을 나갔다.

클러크십을 연장하다

"실습을 계속하겠다고? 그거야 문제없지만 이노키 군은 내켜 하지 않는 것 같던데? 어떻게 된 일인가?"

아즈미는 평소 좋아하는 얼그레이를 한 모금 마셨다.

"솔직히 말씀드리면 마지막 날까지도 실습을 계속할 마음이 전혀 없었어요. 일도 단조롭고 저와 잘 안 맞는 사람도 있어서요. 하지만 분하게도 그 사람이 저보다 일을 훨씬 더 잘해요."

"아하, 어려운 관리회계 책을 익혔으니 자네가 그 사람보다 훨씬 많이 알 거라고 생각했군. 하지만 생각과 달리 그 사람을 따라가지 못했다, 이 말이지. 실로 유쾌한 이야기로군."

아즈미는 기쁜 표정으로 웃었다.

"전 전혀 유쾌하지 않은데요."

히카리가 뽀로통한 얼굴로 대꾸했다.

"그래서 이대로 물러날 수는 없다, 이건가?"

히카리는 고개를 저었다.

"진짜 이유는 따로 있어요. 이노키 선배님은 예전에 경영 컨설턴트였다죠. 그러다가 사장님에게 스카우트됐다고 들었어요. 일류 컨설턴트는 과연 어떻게 일하는지 알고 싶어졌어요.

그래서 좀 더 계속해보자는 생각이 들었습니다."

히카리는 휴지통에서 재무제표를 주운 일이나 센노하타점의 경영 상태가 심각하다는 것은 말하지 않았다. 힘들어도 조금 참고 버티면 이노키가 적자인 점포를 어떻게 일으켜 세우는지 자기 눈으로 볼 수 있다. 그거야말로 컨설팅 실습이 아닌가! 히카리는 그렇게 생각했다.

"이노키 군이 로미즈의 사장에게 스카우트됐다고?"

아즈미는 터지는 웃음을 참느라 안간힘을 썼다. 이노키가 경영기획실 실장 자리에 지원했을 때 로미즈 사장이 이노키의 이력서를 보고 자기에게 조언을 구했었는데 이게 무슨 말이란 말인가.

"이노키 선배님이 그렇게 말했는데요."

"그렇단 말이지…. 클러크십에 관해서는 잘 알겠네. 사장에게 부탁해보지."

"그게 정말이세요?"

"사장이 수락하면 이노키 군도 거부할 수 없을 거야. 내가 전화를 하지."

"감사합니다."

히카리는 고개 숙여 인사했다. 그리고 아까부터 마음에 걸렸던 점을 물어보기로 했다.

적자의 의미

"교수님, 굉장히 초보적인 질문이지만 적자가 난다는 건 어떤 의미인가요?"

아즈미는 놀랍다는 표정을 지었다.

"초보적이라고? 절대 그렇지 않네. 오히려 무척 깊이 있는 질문이지. 자네가 일하는 점포가 적자인가?"

"아뇨, 그냥 공부하다가 의문이 생겨서요."

히카리는 황급히 둘러댔다.

"그 의문이라는 게 뭔지 자세히 말해보게."

"그러니까 저는 매출에서 비용을 뺀 금액이 마이너스인 상태가 적자이고, 적자가 나면 회사가 위험해진다고 생각했어요. 그런데 가만히 생각해보면 참 이상한 점이 있어요. 회사는 적자를 해결하기 위해서 비용을 줄이려고 하지요. 하지만 아무리 비용을 삭감해도 계속 적자에서 벗어나지 못하는 회사도 있는데 그건 왜 그런 걸까요?"

히카리는 센노하타점을 떠올리며 이렇게 질문했다.

그러자 아즈미가 흡족한 얼굴로 고개를 끄덕이며 설명하기 시작했다.

"적자라는 것은 매출 대비 비용이 지나치게 많은 상태를 말하지. 따라서 비용을 줄이면 적자도 줄어들고 흑자로 돌아설 거라고 생각하기 쉬워. 하지만 현실은 흑자가 되기도 하지만 적자가 오히려 증가하는 경우도 있어. 자네는 그 답을 찾으려고 관리회계 책을 펼쳐봤지만 답을 알아내지 못했어. 어때, 내 말이 맞지?"

히카리는 고개를 끄덕였다.

아즈미는 만족스럽다는 듯이 얼그레이를 한 모금 마시고 이야기를 계속했다.

"젊은 시절에 기관지폐렴에 걸린 적이 있었지. 열이 40도까지 올라서 몸에서 김이 날 정도였네. 너무 뜨거워서 체온계가 망가지는 줄 알았지. 더럭 겁이 나서 구급차를 불렀네. 2주 정도 입원해 있다가 퇴원했는데 꽤 오랫동안 체력이 돌아오지 않더군. 좀 더 빨리 의사를 찾아갔어야 했어."

히카리는 아즈미가 무슨 말을 하려는지 짐작이 가지 않았다.

"회사가 적자가 났다는 것은 병에 걸려서 열이 37도가 넘는 상태야. 물론 열이 난다고 곧 죽진 않지. 하지만 대수롭지 않게 여기고 방치했다가 폐렴에라도 걸리면 문제가 되기 마련이야. 내가 옛날에 그랬듯이 말이야. 즉, 적자가 계속되면 가장 먼저 그 원인을 명확히 밝혀야 해. 빨리 치료하지 않으면 회사의 수명을 단축시킬 수도 있어."

히카리는 아즈미의 말에 담긴 속뜻을 어렴풋하게나마 알 것 같았다.

"적자가 났다고 해서 반드시 위험한 건 아니지만 그 상태를 손쓰지 않고 그대로 두면 뒷날 돌이킬 수 없는 사태가 된다는 거군요."

"바로 그거야. 그리고 어제까지 건강하던 사람이 갑자기 죽는 경우가 있듯이 아무리 흑자 회사라도 어느 날 갑자기 도산하는 일도 드물지 않아."

"흑자도산을 말씀하시는 건가요?"

히카리는 수업 시간에 공부한 내용을 떠올렸다.

"회사 내부에서 돌아다니는 돈은 혈액과 비슷해. 돈의 흐름이 정체되면 회사는 한순간에 무너지고 말아. 적자냐 흑자냐가 문제가 아니야. 돈이 잘 돌고 있는지가 중요하지. 이익이 난다고 해서 꼭 돈이 도는 건 아니거든. 이익과 돈벌이는 별개의 존재야. 하지만 적자가 계속되면 회사 체력이 떨어지지. 빨리 치료하는 게 정답이야. 자네의 머릿속에 있는 적자 회사가 어느 회사인지는 전혀 모르겠지만 말이야."

이렇게 말하고 아즈미는 싱긋 웃었다.

손익계산서에서 이해관계자를 보다

집에 도착한 히카리는 1년 내내 수업 시간에 읽었던 두툼한 관리회계 책을 책장에서 꺼내 뒤적였다. 그 책에 참고할 만한 내용이 있었던 것이 생각났기 때문이다. 그 내용은 이런 문장으로 시작됐다.

> 손익계산서에는 회사의 이해관계자가 중요도 순으로 나타난다.

처음에 읽었을 때는 별생각 없이 넘어갔던 이 글귀가 묘하게 신경이 쓰였다.

히카리는 로미즈의 손익계산서를 다시 한 번 읽어봤다.

맨 처음 등장한 항목은 매출액이다. 매출액은 고객이 점포에 지불한 돈의 총액이므로 로미즈에 가장 중요한 것은 로미즈의 요리를 먹으러 오는 고객이라는 뜻이다. 고객이 없으면 아예 장사를 할 수 없으니 지극히 당연한 말이긴 하다.

그러면 두 번째로 중요한 상대는 누구인가? 매출액 다음에 나오는 항목은 재료비다. 다시 말해 두 번째로 중요한 것은 재료를 제공하는 매입 업체다.

'그야 그렇겠지.'

세 번째는 인건비. 로미즈의 경우에는 아르바이트비가 여기에 해당한다.

정말일까? 히카리는 이 내용을 쉽게 받아들일 수 없었다. 로미즈는 실적을 개선하기 위해 아르바이트생을 줄이려고 한다.

'그러면서 아르바이트생이 중요하다니, 이건 틀린 것 같은데.'

히카리는 이렇게 생각했다.

인건비 다음에 임대료와 관리비, 기타 비용, 감가상각비가 나와 있다. 건물주, 수도국이나 전력·전기 회사, 광고 대리점, 소모품 납품 업체, 설비 업체나 인테리어 업체가 이에 해당한다.

매출액(표에서 ①)과 변동비(②)인 재료비의 차액이 한계이익(③)이다. 그 금액에서 인건비, 임대료와 관리비, 기타 비용, 감가상각비를 합친 개별 고정비(④)를 뺀 금액이 공헌이익(⑤)이다. 센노하타점은 바로 이 숫자가 마이너스였다.

'공헌이익이 적자라면 회사에 공헌한 게 없다는 뜻인가?'

공헌이익에서 공통 고정비인 본사 비용(⑥), 즉 본사의 경리부, 인사부, 정보시스템부, 구매부 등 관리 부문에서 발생한 비용을 뺀 금액이 점포 이익(⑦)이다.

본사 비용을 차감하는 것은 본사의 경영기획실이나 경리부 등의 지원이 없으면 사업을 할 수 없기 때문이다.

손익계산서에는 회사의 이해관계자가 중요도 순으로 나타난다!

(단위: 엔)

과목		금액		〈이해관계자〉
매출액 ·········①		9,500,000	➡	고객
변동비 ·········②		3,400,000		
재료비		3,400,000	➡	매입 업체
한계이익 ······③		6,100,000		
개별 고정비···④		7,920,000		
인건비	급여·교통비	3,900,000	➡	종업원
임대료와 관리비	임대료	1,500,000	➡	건물주
	수선비	250,000		
기타 비용	수도 광열비	920,000	➡	전력 회사 등
	광고 선전비	250,000	➡	광고 대리점
	소모품비	220,000	➡	납품 업체
감가상각비		880,000	➡	인테리어 업체 등
공헌이익 ······⑤		△1,820,000		
공통 고정비 (본사비용) ·····⑥		950,000		
점포 이익······⑦		△2,770,000		

- 한계이익③ = 매출액① − 변동비②
- 공헌이익⑤ = 한계이익③ − 개별 고정비④
- 점포 이익⑦ = 공헌이익⑤ − 본사 비용⑥

이렇게 보니 회사는 여러 이해관계자와 연결돼 있다는 사실을 확실히 알 수 있었다. 그리고 손익계산서에는 이해관계자가 중요한 순서대로 쓰여 있다. 인건비가 세 번째로 중요하다는 것은 쉽게 납득하기 어렵지만 말이다.

변동비와 고정비

히카리는 다시 한 번 손익계산서를 살펴보았다. 조금 전에는 못 보고 지나쳤던 여러 가지 사실이 눈에 들어왔다.

먼저 변동비, 한계이익, 고정비를 구분하고 있다는 점이다. 여태껏 이 용어를 확실히 이해하지 못한 채 사용했던 것 같다. 히카리는 책을 펼쳤다. 책에는 이렇게 쓰여 있었다.

> 비용은 그 성질에 따라 변동비와 고정비로 나눌 수 있다. 변동비는 매출이 증가하면 따라서 증가하고 매출이 감소하면 따라서 감소하는 비용을 말한다. 고정비는 매출 변동과는 상관없이 고정적으로 발생하는 비용으로, 개별 고정비와 공통 고정비로 나뉜다.

히카리는 센노하타점을 생각했다. 요리에 쓰이는 재료비가 변동비로 분류되는 것은 이해할 수 있었다. 그럼 고정비는 어떤가? 임대료나 설비 감가상각비, 정규직인 점장의 급여는 매월 동일하니 이건 분명히 고정비다. 하지만 에어컨 전기료는 계절마다 다를 것이고 비누나 휴지 등 소모품도 고객이 드나드는 횟수에 따라 매월 증감할 텐데? 아르바이트비도 매월 약간씩은 변동할 텐데. 이 항목들을 고정비로 분류하는 것이 과연 타당할까?

히카리는 책을 계속 읽어나갔다. 그러자 이런 문구가 나왔다.

> 이 비용을 명확히 변동비와 고정비로 나눌 수는 없다. 그래서 실무상으로는 변동비를 재료비나 외주비로 한정하고 그 밖의 비용은 전부 고정비로 보는 회사도 많다. 이는 얼핏 보기에 편의적인 분류 방법으로 여겨지기 쉽지만 사실은 합리적인 방법이다.

하기는 세세하게 생각하기 시작하면 끝이 없으니 재료비만 변동비로 분류하는 방법이 단순해서 좋을지도 모르겠다.

히카리는 책장을 넘겼다.

> 한계이익은 매출과 변동비의 차액이다.

'단순하구나!'

히카리는 이렇게 생각했지만 곧 자신이 없어졌다. 한계이익이

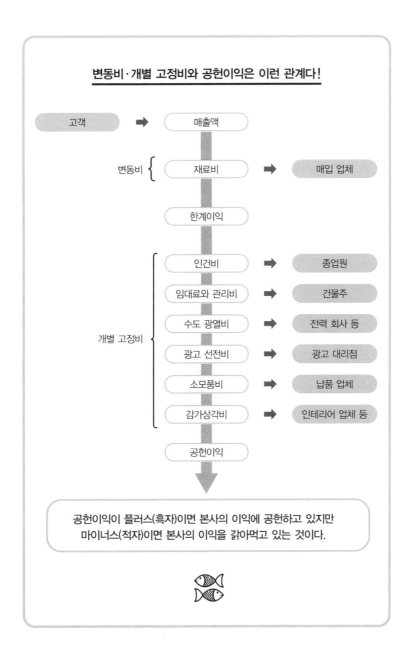

변동비·개별 고정비와 공헌이익은 이런 관계다!

고객 ➡ 매출액

변동비 { 재료비 ➡ 매입 업체

한계이익

개별 고정비 {
인건비 ➡ 종업원
임대료와 관리비 ➡ 건물주
수도 광열비 ➡ 전력 회사 등
광고 선전비 ➡ 광고 대리점
소모품비 ➡ 납품 업체
감가상각비 ➡ 인테리어 업체 등

공헌이익

공헌이익이 플러스(흑자)이면 본사의 이익에 공헌하고 있지만 마이너스(적자)이면 본사의 이익을 갉아먹고 있는 것이다.

대체 무엇을 의미하는지 구체적으로 떠오르지 않았다.

히카리는 다음 문장을 읽어나갔다.

> 한계이익에서 개별 고정비를 뺀 금액이 공헌이익이다. 개별 고정비는 그 부문의 책임하에 개별적으로 발생하는 비용이다. 다시 말해 그 부문의 활동을 중지하면 발생하지 않는 비용을 의미한다.

이제야 좀 알 것 같았다. 개별 고정비는 로미즈 본사와는 상관없이 센노하타점에서 발생하는 고유의 비용을 말한다. 공헌이익이라고 불리는 것이 각 부문(여기서는 각 점포)이 전체 이익에 얼마나 공헌했는지 나타내기 때문이다.

그렇지만 센노하타점의 3월 공헌이익은 마이너스다. 즉 지금 센노하타점이 문을 닫으면 그만큼 적자가 줄어서 로미즈 전체의 이익이 늘어난다는 계산이 나온다. 센노하타점은 로미즈의 발목을 잡는 장애물이나 마찬가지라는 말이다.

이 상태라면 아르바이트생을 줄여도 근본적인 문제는 계속 남아 있으리라는 것을 어렵지 않게 예측할 수 있었다. 최소한 공헌이익을 흑자로 돌리지 않으면 이 점포를 계속 운영하는 의미가 없다. 아마도 이노키는 더욱 과감하게 정리 해고를 단행할 것이다. 히카리의 뇌리에 불길한 예감이 스쳤다.

제3장

비싸도 사는 이유

May

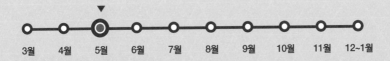

3월 4월 5월 6월 7월 8월 9월 10월 11월 12~1월

|5월|
May

비싸도 사는 이유

인건비의 일률적 삭감

아즈미가 힘을 써준 덕분에 히카리는 5월부터 본격적으로 클러크십을 시작했다. 거의 한 달 만에 센노하타점에 얼굴을 내미니 사에코와 리카가 반갑지 않은 얼굴로 히카리를 맞았다.

"그만둔 줄 알았어요. 그런데 왜 하필 이런 시기에 돌아온 거예요?"

하필 이런 시기라니, 마음에 걸리는 말이었다.

"그게 무슨 말이지?"

"모르세요? 사무실에 공지가 붙었는데요."

히카리는 서둘러 사무실로 향했다. 무겁고 답답한 분위기가 감도는 사무실에서 종업원 몇 명이 벽에 붙은 공지 사항을 보고 있었다. 거기에는 이렇게 쓰여 있었다.

① 아르바이트 인원을 줄인다.
② 모든 종업원의 시급을 일률적으로 50엔 삭감한다.

"아르바이트생을 줄인다고?"

"50엔이나 깎다니 너무하잖아!"

"이렇게 되면 근무시간을 내가 원하는 시간에 맞출 수 없는데? 그러면 특별활동을 할 수가 없어."

"혹시 우리 점포 망하는 거야? 다른 곳을 알아봐야 하나?"

여기저기에서 아르바이트생들의 불만이 터져 나왔다.

그 재무제표에 적혀 있던 인원 감축이 시작된 것이다.

히카리는 공지 사항 바로 옆에 붙어 있는 근무시간표로 눈을 돌렸다. 평일 아르바이트생 수를 보니 홀은 10명, 주방은 6명이었다. 예전에는 홀이 12명, 주방이 8명이었으니 2명씩 인원을 줄인 것이다.

토요일과 일요일은 인원만 줄어든 것이 아니었다. 홀 담당 대부분이 대학생에서 고등학생으로 대체됐다. 원래 대학생의 시급은 1,100엔(조조와 심야 근무는 1,250엔)이고 고등학생은 900엔으로 200엔 차이가 난다. 이 방법 저 방법으로 인건비 감축을 꾀한 것이다.

히카리는 휴대전화를 꺼내 이번에 단행한 정리 해고의 효과가 어느 정도인지 대충 계산해봤다.

하루의 총 근무시간은 홀이 58시간에서 45시간, 주방이 42시간에서 30시간으로 바뀌었으니 기존의 100시간에서 25시간이 줄어들어 75시간이 됐다. 해고된 것은 시급이 센 대학생과 파트타이머들이다. 이로써 한 달에 약 82만 엔의 아르바이트비가 감소한다(1,100엔×25시간×30일=82만 5,000엔. 여기에 조조와 심야 근무분이 가산된다).

그리고 남은 아르바이트생의 시급을 일률적으로 50엔씩 깎았으니 하루 총 근무시간인 75시간을 곱하면 하루 3,750엔, 한 달이면 약 11만 엔 이상을 절감할 수 있다.

이 모든 것을 합치면 한 달에 약 93만 엔의 인건비가 절감된다. 히카리가 본 3월의 적자(마이너스였던 공헌이익)는 182만 엔이었으니 매출이 동일하다면 적자가 반으로 줄어드는 셈이다.

정리 해고, 즉 아르바이트생을 감축해서 적자 폭을 줄인다. 그제야 이노키의 의도를 완전히 이해할 수 있었다.

로미즈 센노하타점 홀의 변경된 근무시간표

5월 10일	다카야마	모리	다나카	곤도	스가다이라	야마시나	도무라	오카자키	고야마	치치부	
시간	대학생	파트타이머	파트타이머	파트타이머	대학생	고등학생	고등학생	대학생	대학생	대학생	근무인원
7	1										1
8	1	1									2
9	1	1									2
10	1	1									2
11	1	1	1								3
12	1	1	1	1							4
13		1	1	1							3
14			1	1	1						3
15				1	1						2
16				1	1	1					3
17					1	1	1				3
18						1	1	1			3
19						1	1	1	1		4
20							1	1	1		3
21								1	1		2
22									1	1	2
23										1	1
24										1	1
25										1	1
근무시간	6	6	4	5	4	4	4	4	4	4	45

조조·심야 근무(수당 있음)

하루 총 근무시간이
45시간으로 줄었다.

만족을 배우다

그 뒤 2주일이 흘렀다.

오늘은 한 달에 한 번 있는 교수 면담일이다. 히카리는 질문하고 싶은 항목을 써서 아즈미가 말한 디저트 가게로 향했다.

그 가게는 유라쿠쵸 역에서 걸어서 몇 분 거리에 있었다. 값비싼 초콜릿이 마치 보석처럼 진열돼 있는 가게였다.

약속 시간보다 20분 일찍 도착했지만 이미 아즈미는 구석 자리에서 스마트폰을 열심히 조작하고 있었다.

"아, 왔나? 여긴 이걸로 검색해서 찾았네."

아즈미는 자랑스럽게 스마트폰을 들어 보였다.

"클러크십은 잘 되고 있나?"

"모르는 것투성이예요."

"그거 바람직한 일이군."

"바람직한 일이요?"

"지금까지 자네는 자신이 무지하다는 것조차 몰랐잖아."

아즈미는 기쁨의 미소를 지었다.

"교수님, 이것 말인데요."

히카리는 핸드백에서 공책을 꺼내 아즈미에게 보였다.

공책에는 '한계이익의 의미가 뭐지?'라고 쓰여 있었다.

"생각하면 할수록 모르겠어요."

"고민이라는 건 자네가 다소 진보했다는 증표야. 그러니 전혀 나쁜 일이 아니지."

아즈미가 즐겁다는 듯이 말했다.

주문한 트뤼프(가나슈라는 초콜릿 크림을 둥글려서 만든 다음 코코아, 분설탕을 묻힌 초콜릿. 트뤼프(truffle)는 불어로 송로버섯이란 뜻이며 초콜릿 모양이 송로버섯을 닮았다고 해서 붙여졌다—옮긴이)와 커피가 나왔다. 아즈미는 히카리의 질문은 아랑곳하지 않고 트뤼프가 몇 개인지 셌다.

"다섯 개로군. 그럼 내가 세 개를 먹지."

아즈미는 자기 마음대로 정하고서 초콜릿 한 개를 통째로 입에 넣었다.

"음, 맛있다. 자네 이게 한 개에 얼마인지 아나? 400엔이나 해. 그리고 이 커피는 한 잔에 600엔이야. 전부 합해 3,200엔이지. 평범한 100엔짜리 초콜릿을 32개나 먹을 수 있는 돈이야. 하지만 이렇게 비싸도 이 가게에는 손님이 바글바글해. 이상하지 않은가?"

이렇게 말한 뒤 아즈미는 트뤼프를 한 개 더 먹었다.

"음식도 맛있고 가게 분위기도 좋아서 그렇지 않을까요?"

아즈미가 고개를 저었다.

"공격적인 전략을 취해서 그런가요?"

"그것도 틀렸어."

"…."

"자, 자네에게 하나 묻지. 자네는 이 트뤼프가 비싸다고 생각하나?"

"아니요."

"왜지?"

이 가게는 유라쿠쵸의 일등지에 위치하고 가게 내부도 호화롭기 그지없다. 직원 교육도 철저하게 하는 것 같다. 음식의 맛과 모양은 말할 나위 없이 훌륭하다. 양이 좀 적은 편이지만 이런 음식은 어차피 날마다 먹는 게 아니니 상관없다.

"글쎄요. 물론 싸지는 않죠. 하지만 만족스러워요."

히카리는 이렇게 대답했다.

"바로 그거야. 자네는 이 트뤼프에 400엔 이상의 가치를 느낀 거야. 그래서 기꺼이 돈과 트뤼프를 교환한 거지. 예를 들어 트뤼프의 재료비가 100엔이라고 치자. 판매가인 400엔에서 재료비 100엔을 뺀 금액 300엔이 한계이익이야. 이 300엔이 바로 회사가 창출한 가치의 크기지."

히카리는 그제야 깨달았다. 이 가게는 100엔으로 매입한 재료를 400엔에 팔 수 있는 상품으로 만들었다. 한계이익은 회사가 창출한 부가가치를 의미하는 것이다.

"이익에 대한 수수께끼가 풀렸나 보군. 하지만 이건 답의 일부에 지나지 않아."

갑자기 히카리는 월별 손익계산서 이야기를 하고 싶은 충동에 휩싸였다.

"교수님, 사실은 제가 봤어요."

저도 모르게 불쑥 이런 말이 튀어나왔다.

"사실은 제가 봤다니, 무슨 일이 있었나 본데? 대체 뭘 봤다는 거지?"

히카리는 아즈미 쪽으로 얼굴을 기울여 소곤거렸다.

"점포 재무제표요. 휴지통에 있었거든요. 그래서 그만….."

"호기심에 못 이겨 보고 말았군. 휴지통에 버릴 정도면 그다지 중요한 자료도 아니었겠네."

"교수님한테 말씀드리진 않았지만 그 지금 점포 큰일이에요."

아즈미는 전혀 동요하지 않고 되물었다.

"대체 뭐가 큰일이란 말인가?"

"2년이나 계속 적자가 났어요. 결국 얼마 전에 정리 해고를 실시했고요. 갑자기 시행된 일이라 아르바이트생들이 불안해하고 있어요."

"그렇군. 설마 자네까지 불안해하는 건 아니겠지?"

"그럴 리가요. 어디서 이렇게 귀중한 경험을 해보겠어요."

"알겠네. 그래서 갑자기 클러크십을 계속하겠다고 말한 거였군."

"말씀드리지 않아서 죄송합니다."

"사과할 것 없어. 모처럼 좋은 기회가 왔으니 실컷 파고들어봐. 관리회계는 독이 되기도 하고 약이 되기도 하지. 그 점을 머리로만 이해하지 않고 실제로 겪어보는 게 최고지."

그러나 히카리는 내심 불안했다.

"교수님한테 부탁이 있어요. 혹시 잘 모르는 점이 생기면 저를 도와주셨으면 해요."

그러자 아즈미는 쓴웃음을 지으며 이렇게 말했다.

"미안하지만 난 무료 봉사는 하지 않는다는 원칙이 있어서 말이야."

그러고는 마지막 한 개 남은 트뤼프를 입에 쏙 집어넣었다.

제4장

적자를 흑자로 만드는 액션 플랜

June

3월   4월   5월   6월   7월   8월   9월   10월   11월   12~1월

| 6월 |
June

이노키가 내놓은 액션 플랜

로미즈는 원래 이익에 집착하는 회사가 아니었다. 적자가 좀 나도 회사 전체에서 메꾸면 된다, 그런 대범함이 로미즈의 매력이었다.

하지만 카퍼즈처럼 저가 전략을 내세운 패밀리 레스토랑이 등장하면서 그런 온정주의 경영 방식이 통하지 않게 됐다. 경영기획실장인 이노키의 미션은 술에 술 탄 듯 물에 물 탄 듯한 상태에 젖어 있는 회사를 새롭게 만드는 것이었다.

이노키는 맨 먼저 한창 세력을 확장하고 있는 카퍼즈와의 차별화를 꾀했다. 저가 노선의 카퍼즈와 대조적으로 고급 식재료를 사용한 고부가가치 요리를 메뉴에 넣고 고객 단가를 높이려고 시도했지만 결과는 무참하게 실패했다. 오히려 매상이 떨어졌던 것이다.

그래서 방침을 바꾸어 가격 대비 먹을 만한 기존 메뉴를 중점적으로 내세우고 철저하게 군살을 없애 근육질의 회사를 만들기 위해 사투를 벌이는 중이었다. 그러나 한 번 나쁜 흐름을 타면 쉽사리 예전으로 돌아가지 못하는 법. 결국 채산성이 악화됐다. 특히 심각한 곳이 센노하타점이었다. 과거 2년 동안 1년에 2,000만 엔 가까운 적자가 이 점포에서 나왔다.

이제 거리에서 긴소매를 찾아볼 수 없는 6월 초의 어느 날 아침. 갑자기 본사로 불려 간 미츠즈카는 본사 회의실에서 잔뜩 위축된 상태로 이노키를 기다렸다.

이노키는 9시 정각에 나타났다. 오자마자 방금 출력한 5월의 손익계산서를 미츠즈카에게 건넸다. 평소에는 팩스로 보냈는데 왜 이번 달에는 굳이 이렇게 직접 주는 걸까? 불길한 예감이 미츠즈카를 덮쳤다.

미츠즈카는 주저주저하며 손익계산서를 훑어보았다. 정리해고를 하기 전인 3월에 비해 고정비가 90만 엔 가까이 감소했다. 아르바이트생 감축 효과가 나타난 것이다. 그러나 여전히 95만 엔이나 적자였다. 그래도 3월부터 두 달 만에 100만 엔이나 적자를 줄이는 데 성공했다.

미츠즈카는 얼마쯤은 잘했다고 평가받지 않을까 내심 기대했다. 그러나 달콤한 기대는 곧 절망으로 변했다.

"전혀 나아지지 않았잖아!"

이노키는 짜증을 감추지 않았다.

"하지만 고정비는 90만 엔 줄었습니다…."

"적자는 적자야. 이제 더 이상 기다릴 수 없어. 좀 더 단호하게 정리 해고를 단행하도록 해. 이건 사장님 지시야. 성과가 나오지 않으면 자네의 거취도 장담 못 한다는 건 알고 있겠지?"

"해고당하나요?"

미츠즈카가 머뭇머뭇 묻자 이노키는 "당연하지. 이번이 센노하타점에 주어진 마지막 기회라고 생각하게"라고 차갑게 쏘아붙였다.

그러고는 액션 플랜이라고 쓰인 서류를 미츠즈카에게 내밀었다.

"이건 즉흥적으로 만든 게 아니네. 컨설턴트 시절에 쌓은 경험의 결정체라고 생각하면 돼. 정리 해고를 의료 행위에 비유하자면 개복수술이야. 처음에 명확한 방침을 세워두지 않으면 나중에 돌이킬 수 없는 사태로 확대되지. 이 서류에 적힌 대로 정리 해고를 시행하면 반드시 좋은 결과가 나올 거야."

이노키는 자신감 넘치는 태도로 말했다.

로미즈 센노하타점의 월별 재무제표 (3월~5월)

(단위: 엔)

과목		3월	4월	5월	
매출액		9,500,000	9,450,000	9,360,000	100%
변동비		3,400,000	3,380,000	3,280,000	35.0%
재료비		3,400,000	3,380,000	3,280,000	35.0%
한계이익		6,100,000	6,070,000	6,080,000	65.0%
개별 고정비		7,920,000	7,590,000	7,030,000	75.1%
인건비	급여·교통비	3,900,000	3,600,000	3,100,000	33.1%
임대료와 관리비	임대료	1,500,000	1,500,000	1,500,000	16.0%
	수선비	250,000	250,000	250,000	2.7%
기타 비용	수도 광열비	920,000	900,000	880,000	9.4%
	광고 선전비	250,000	250,000	220,000	2.4%
	소모품비	220,000	210,000	200,000	2.1%
감가상각비		880,000	880,000	880,000	9.4%
공헌이익		△1,820,000	△1,520,000	△950,000	
공통 고정비 (본사 비용)		950,000	945,000	936,000	10.1%
점포 이익		△2,770,000	△2,465,000	△1,886,000	

고정비는 90만 엔 가까이 감소했지만 여전히 적자에서 벗어나지 못했다.

액션 플랜에는 이렇게 적혀 있었다.

---

1. 매월 목표 매출을 1,000만 엔으로 정한다.

　① 인시(人時) 매출액은 4,000만 엔을 달성한다.

　② 고객 수를 늘린다(식사를 마친 고객은 빨리 돌려보낸다).

　③ 객단가를 높인다(고가 메뉴와 세트 메뉴를 적극적으로 추천한다).

2. 매출 대비 재료비를 30% 이하로 낮추고 한계이익률을 70% 이상으로 높인다.

　① 밥, 샐러드, 아이스크림의 양을 10% 줄인다.

　② 각 테이블에 비치된 소스와 간장을 없앤다.

　③ 레시피를 재검토한다(특히 계절 메뉴).

　④ 샐러드바와 드링크바를 런치타임과 디너타임으로 제한한다.

　⑤ 한계이익률이 높은 메뉴를 적극적으로 추천한다(계절 메뉴 및 피자).

3. 고정비를 일률적으로 10% 삭감한다(임대료와 관리비, 아르바이트비, 감가상각비 제외).

미츠스카는 액션 플랜을 읽었다. 그러나 눈으로 글씨를 좇았을 뿐 무슨 내용인지 이해할 수가 없었다. 불안이 엄습해 다리가 후들거렸다.

"이걸 모두 해내야 합니까?"

"물론이지. 그 내용을 완벽하게 실시해서 흑자로 돌려야 하네. 그러지 않으면 자네만 곤란해지는 게 아니야."

"그게 무슨 말씀인가요?"

미츠즈카가 물었다.

"지금은 말할 수 없네."

이노키의 단호한 말투에 미츠즈카는 의문을 삼킬 수밖에 없었다. 이노키는 이야기를 계속했다.

"그보다 말이지, 싸움에서 상대를 패배시키는 가장 효과적인 방법이 뭐라고 생각하나?"

"…."

"상대의 약점을 중점적으로 공격하는 거야. 미츠즈카 점장, 우리 로미즈의 약점은 뭐라고 생각하나?"

이노키는 마치 시험문제라도 내듯 미츠즈카에게 물었다.

"센노하타점입니까?"

"잘 알고 있군. 유난히 적자 폭이 큰 자네 점포지. 더구나 센노하타점은 유서 깊은 로미즈 제1호점이야. 실적 부진으로 문을 닫기라도 한다면 점장으로서 어떻게 얼굴을 들고 다니겠어?"

미츠즈카는 잠자코 있었다. 이렇게 압박을 받으면서도 대체 어떻게 해야 좋을지 생각이 나지 않았다. 침묵이 계속됐다. 이노키는 그런 미츠즈카를 보다 못해 먼저 입을 열었다.

"가만히 있으면 문제를 해결할 수 없지 않나. 무슨 말이든 해 보라고."

"어떻게 하면 될지 도무지 감이 잡히지 않습니다."

"나 원 참! 자네 경영학부를 나왔지?"

"졸업을 하긴 했습니다만…."

"그렇다면 내 말을 알아듣겠군."

이노키는 화이트보드에 수식을 적었다.

- 매출액 − 재료비(변동비) = 한계이익
- 한계이익 − 고정비 = 이익

"한계이익과 고정비가 동일하면 이익은 0이야. 자네 점포는 한계이익보다 고정비가 많아. 즉 들어오는 돈보다 나가는 돈이 많다는 말이야. 벌이도 신통치 않으면서 있는 대로 돈을 쓰는 방탕한 아들 같은 존재지. 돈이 떨어지면 당당하게 부모한테 손을 벌리지."

"방탕한 아들이라니, 말씀이 너무 심한 것 아닙니까?"

"심하다고?"

이노키가 되물었다.

"저희 점포가 적자인 데다 자금 운영도 원활하지 않다는 건 저도 잘 알고 있습니다. 하지만 저만 잘못했다고 생각하지는 않습니다."

'열심히 일한 결과가 이거라니. 나의 노력을 조금은 인정해 줘도 좋지 않은가.'

미츠즈카는 서글펐다.

"자네는 죽도록 열심히 일하면 그것으로 점장의 책임을 다했다고 생각하나? 중요한 건 이익을 내는 거야."

이노키는 집게손가락으로 자신의 머리를 가리키며 "자네는 여기를 쓰지 않는 거야"라고 말했다.

"머리를 쓴다…? 뭔가 특별한 노하우라도 있습니까?"

"관리회계를 이용하는 거지. 유도 기술을 써먹듯이 깔끔하게 한판 넘기면 실적은 즉시 호전될 거야."

"실장님은 컨설턴트셨으니까 관리회계는 식은 죽 먹기겠군요."

"물론이지."

이노키는 가슴을 펴며 말을 이었다.

"관리회계의 기법은 무척 다양하지만 그 중에서도 비밀 병기를 가르쳐주겠네."

CVP 분석으로 이익을 찾아내다

이노키는 화이트보드에 직사각형을 그렸다.

"세로축이 비용이고 가로축이 매출이야. 매출의 증감과 상관없이 고정비는 변하지 않으니까 고정비는 직사각형으로 나타낼 수 있지."

그러고는 그 옆에 직각삼각형을 그렸다.

"직각삼각형은 한계이익을 그린 거야. 세로축은 한계이익, 가로축은 아까와 마찬가지로 매출. 뾰족한 부분의 각도는 한계이익을 매출로 나눈 한계이익률이야. 즉 매출이 늘면 한계이익도 비례해서 늘지."

미츠스카는 '아하, 이런 식으로 단순화해서 생각하는구나!' 하고 감탄했다.

다음으로 이노키는 직사각형과 직각삼각형을 겹쳐 그렸다.

"자네에게 질문을 하나 하지. 직사각형과 직각삼각형이 교차하는 점의 매출은 어떤 의미를 갖지?"

"고정비와 한계이익이 동일하다는 뜻입니다. 즉 '한계이익-고정비=0'이 돼서 이익이 0이 되는 매출입니다. 아, 생각났습니다. 손익분기점(BEP, Break Even Point)이군요!"

"그래, 손익분기점이야. 실제로 발생한 매출이 손익분기점보다 오른쪽에 있으면 한계이익이 고정비보다 많은 흑자 상태지. 예를 들어 매출이 A일 때의 이익은 그림의 '이익 A'가 되지. 반대로 실제로 발생한 매출이 손익분기점보다 왼쪽에 있으면 고정비가 한계이익보다 많으므로 적자야. 센노하타점의 매출을 B라고 치면 손실은 그림의 '손실 B'가 되지. 이를 흑자로 바꾸려면 실제로 발생한 매출을 손익분기점보다 오른쪽으로 가져가야만 해."

미츠즈카는 감탄하는 표정으로 이노키가 그린 그림을 바라보았다.

"이 정도로 힌트를 줬으니 이제 어떻게 하면 흑자가 될지 알겠지?"

"매출을 늘리면 되는 거로군요."

미츠즈카가 지극히 당연하다는 표정으로 대답했다.

"그것밖에 아이디어가 없나?"

"네?"

"자네 아직도 모르는군. 매출을 그렇게 쉽게 늘릴 수 있다면 누가 이렇게 고생하겠어."

이노키의 목소리가 거칠어졌다.

"매출은 같아도 한계이익률과 고정비를 옮겨서 손익분기점

고정비는 직사각형, 한계이익은 삼각형이다!

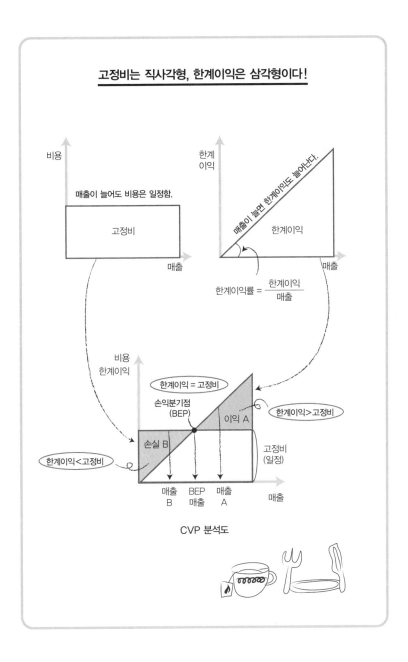

매출이 늘어도 비용은 일정함.

고정비

비용

매출

한계이익

매출이 늘면 한계이익도 늘어난다.

한계이익

$$한계이익률 = \frac{한계이익}{매출}$$

비용
한계이익

한계이익 = 고정비

손익분기점
(BEP)

이익 A

한계이익>고정비

손실 B

한계이익<고정비

고정비
(일정)

매출
B

BEP
매출

매출
A

매출

CVP 분석도

의 위치를 왼쪽으로 이동하면 이익이 나오잖아."

미츠즈카는 선뜻 이해가 가지 않았지만 화이트보드에 그려진 그림에 빨간 펜으로 선을 그어가며 머리를 굴렸다.

"그렇구나! 고정비를 줄이면 손익분기점이 왼쪽으로 움직이는군요. 한계이익률의 기울기를 크게 해도 손익분기점이 왼쪽으로 움직입니다. 그렇게 하면 실제로 발생한 매출이 변하지 않아도 흑자가 되는군요."

미츠즈카의 얼굴에 환한 미소가 번져나갔다.

"바로 그거야. CVP 분석을 이용하면 어떤 대책이 필요한지 직감적으로 알 수 있어. 아르바이트생을 줄인 것은 고정비를 삭감해서 손익분기점을 왼쪽으로 옮기기 위해서였어."

"하지만 인건비가 감소했어도 여전히 적자인데요."

"매출도 함께 감소했으니까. 첫째, 매출을 늘리고 둘째, 고정비를 줄이고 셋째, 한계이익률을 높인다. 이 전략을 정리한 게 액션 플랜이야. 내가 액션 플랜에 집어넣은 의미를 잘 헤아려주면 좋겠네."

이노키는 이렇게 말하고서 덧붙였다.

"다시 한 번 말하지만 실패하면 자네 자리는 없어질 거야."

"자, 잠깐만요. 갑자기 액션 플랜을 전부 실행하라고 하시니 어떻게 해야 좋을지도 모르겠고 자신도 없습니다. 힌트를 좀 더 주세요."

미츠즈카는 두 손을 모아 사정했다.

"지금 농담하나? 난 그렇게 한가한 사람이 아니야. 그리고 이렇게 구체적으로 써놓았으니 누가 해도 좋은 결과를 낼 수 있을 거야. 아, 그리고."

이노키는 갑자기 생각난 듯 덧붙였다.

"그래, 자네 점포에 스가다이라 히카리가 있었지. 정 걱정스러우면 스가다이라에게 도와달라고 해. 경영 컨설턴트가 되고 싶은 모양이니 이 일에 적임자일 거야. 원래 재무제표의 숫자는 대외비지만 스가다이라한테는 보여줘도 상관없어. 내가 허가하지."

'어차피 봤는데 무슨 상관이겠어.'

이노키는 마음속으로 이렇게 중얼거렸다.

점장이 파놓은 함정

"이제 어쩌지?"

센노하타점으로 돌아온 미츠즈카는 액션 플랜을 쳐다보며 한숨을 푹푹 쉬었다. 히카리를 쓰라고 말은 했어도 평범한 학생이 무슨 도움이 되겠는가? 그렇다고 이대로 아무것도 하지

적자 회사를 흑자로 돌리는 방법

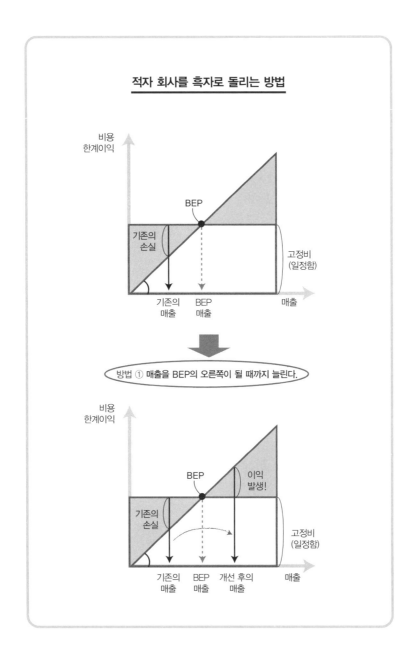

방법 ① 매출을 BEP의 오른쪽이 될 때까지 늘린다.

|

방법 ② 고정비를 줄여서 BEP를 실제 매출보다 왼쪽으로 옮긴다.

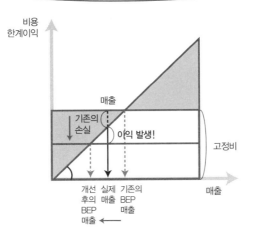

방법 ③ 한계이익률을 높여서 BEP를 실제 매출보다 왼쪽으로 옮긴다.

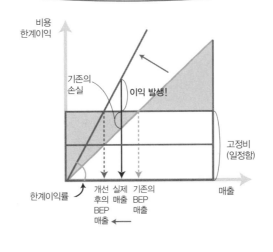

않으면 어차피 자신은 잘릴 게 뻔하다. 미츠즈카는 앞날에 대한 불안과 갈등의 무게에 짓눌릴 것만 같았다.

머리를 굴리며 고민하는 동안 생각이 서서히 정리됐다. 그 여자아이는 어차피 학생이다. 실패한다고 해서 장래를 망치진 않는다. 하지만 자신은 로미즈에서 잘리면 대체 어디서 일할 것인가? 인생이 걸린 문제다.

'좀 불쌍하지만 여차하면 그 애한테 책임을 전가할 수밖에 없어.'

미츠즈카는 마음을 굳혔다. 그리고 히카리가 오기를 조용히 기다렸다.

시곗바늘이 3시 30분을 가리켰을 때 사무실 문이 열리며 히카리가 얼굴을 보였다.

"아, 스가다이라 씨."

미츠즈카는 활짝 웃는 얼굴로 히카리를 맞았다.

"어? 점장님은 홀에 계셔야 하지 않나요?"

아르바이트생을 감축하고 나서 미츠즈카도 홀에서 손님을 응대하는 일을 하게 됐다. 그런데 오늘따라 사무실에 있다니 무슨 이유가 있는 듯싶었다.

"사실은 자네하고 의논할 일이 좀 있어서 말이야."

미츠즈카는 히카리에게 앉으라고 했다.

"이걸 좀 봐주겠나?"

미츠즈카는 이노키가 만든 액션 플랜을 내밀었다.

"정리 해고인가요?"

"맞아. 실은 우리 점포가 지금 상황이 안 좋아. 정리 해고를 해서 비용을 줄여야만 해. 그래서 말인데, 자네가 이 플랜의 실행위원장이 돼줬으면 해서."

"왜 저인가요?"

히카리는 의문스러웠다.

"그야…, 대학에서 관리회계를 공부한다지? 그리고 장차 경영 컨설턴트가 되고 싶어 한다고 들었는데."

"그건 그렇지만 전 실습생에 불과하고…."

"여기서 일하는 사람들은 아르바이트비만 벌면 그만이라고 생각해. 하지만 자네는 달라. 자신의 장래를 내다보며 관리회계를 배우는 중이잖아. 이참에 자네에게 기회를 주자, 이렇게 된 거야."

너무 갑작스러운 요청에 히카리는 당혹스러웠다.

"그게 왜 저인지 모르겠습니다."

"우리 점포를 구하려면 잔 다르크가 필요하거든."

미츠즈카 스스로도 놀랄 만큼 말이 술술 나왔다.

"그게 저란 말인가요?"

"자네밖에 없어."

"그건 무책임한 말씀인데요."

"이런 기회가 두 번 오기는 어려울 텐데? 내가 듣기로 자네 실장님 후배라며? 지금 당장 결론 내리지 말고 이 플랜을 찬찬히 검토해보는 게 어때? 실장님은 자네를 지원해주시는 것 같고 자네는 워낙 우수하니까 분명히 잘할 거야."

미츠즈카는 열심히 히카리의 우월감을 자극했다.

액션 플랜에 감춰진 의도

히카리는 먼저 액션 플랜부터 훑어보았다. 처음에는 이해하기 어려웠지만 몇 번씩 되풀이해서 읽는 동안 이노키가 무슨 생각으로 이 플랜을 만들었는지 그 의도가 보이기 시작했다.

이 플랜은 크게 세 가지 내용이 축을 이루고 있다. 첫 번째 축은 매출액을 늘리는 것이다. 두 번째는 재료비(변동비)를 줄이고 한계이익률을 높이는 것이다. 그리고 세 번째는 고정비를 줄이는 것이다. 히카리는 센노하타점의 최근 3개월분 손익계산서와 대조하면서 액션 플랜의 구체적인 실행 방법을 생각해봤다.

먼저 첫 번째 축부터 살펴보자.

1. 매월 목표 매출을 1,000만 엔으로 정한다.

  ① 인시 매출액은 4,000엔을 달성한다.

  ② 고객 수를 늘린다(식사를 마친 고객은 빨리 돌려보낸다).

  ③ 객단가를 높인다(고가 메뉴와 세트 메뉴를 적극적으로 추천한다).

"인시 매출액이 무슨 뜻인가요?"

"1인 1시간당 매출액을 말하지. 매출액을 점장인 나를 포함한 모든 직원의 총 노동시간으로 나눠서 계산해. 요식업에서 자주 이용하는 지표야."

- 인시 매출액＝매출액÷전 직원의 총 노동시간
- 목표 매출액＝인시 매출액×전 직원의 총 노동시간

"직접 계산해보죠."

히카리는 휴대전화를 꺼냈다.

아르바이트생을 감축한 결과, 홀과 주방의 1일 노동시간은 75시간이 되었다. 여기에 점장이 일하는 하루 평균 8시간을 더하면 전 직원의 총 노동시간은 83시간이다. 1인 1시간당 4,000

매출을 올리는 방법

고객이 늘어나면
매출액도 늘어난다.

객단가가 올라가면
매출액도 늘어난다.

매출액 = 고객 수 × 객단가

1시간에 1회전(1테이블에 2명)

단품 햄버그스테이크 780엔

↓

↓

1시간에 2회전(2테이블에 4명)

밥+샐러드바+드링크바 세트
1,080엔

이용 시간을 단축시켜
좌석 회전율을 높인다.

고가·세트 메뉴를 권유해
객단가를 높인다.

엔에 83시간을 곱하면 1일 목표 매출액은 33만 2,000엔이다. 한 달을 30일이라고 치면 월 매출은 거의 1,000만 엔이 된다.

"와! 인시 매출액 4,000엔을 달성하면 그와 동시에 월 매출액 1,000만 엔도 달성할 수 있네요."

②의 고객 수를 늘리는 것과 ③의 객단가를 높이는 것이 매출을 늘리는 상투적인 수단이라는 것은 히카리도 알았다.

매출액은 고객 수에 객단가를 곱한 금액이니 식사를 마친 고객을 빨리 돌려보내서 좌석 회전율을 높이고(고객 수 증가) 고가 메뉴와 세트 메뉴를 적극적으로 추천해서 1인당 매상을 늘리면(객단가 증가) 점포의 전체 매출이 늘어난다는 뜻이다.

이번에는 두 번째 축을 보자. 재료비(변동비)를 줄여서 한계이익률을 높이는 작전이다.

2. 매출 대비 재료비를 30% 이하로 낮추고 한계이익률을 70% 이상으로 높인다.
① 밥, 샐러드, 아이스크림의 양을 10% 줄인다.
② 각 테이블에 비치된 소스와 간장을 없앤다.
③ 레시피를 재검토한다(특히 계절 메뉴).
④ 샐러드바와 드링크바를 런치타임과 디너타임으로 제한한다.
⑤ 한계이익률이 높은 메뉴를 적극적으로 추천한다(계절 메뉴 및 피자).

재료비율은 재료비를 매출액(제품별로 계산할 때는 제품의 판매가)으로 나눈 금액이니 재료비율을 낮추려면(즉 한계이익률을 높이려면) 재료 사용량을 줄이거나 매입가를 낮춰야 한다.

그러나 로미즈의 경우, 본사에서 모든 재료의 매입가를 결정하는 터라 지점들은 그 단가로 재료를 구매해야 한다. 다시 말해 이러한 경우에 재료비율을 낮추려면 재료의 양을 줄일 수밖에 없다.

히카리는 액션 플랜을 꼼꼼하게 검토했다.

①은 식재료 사용량을 줄이라는 뜻이다.

②는 테이블에 놓인 양념류를 치워서 점포 전체에서 사용하는 재료비를 줄인다는 뜻이다.

③은 레시피를 재검토하라는 뜻이다. 레시피는 요리에 사용하는 재료와 분량, 조리법이다. 사용하는 재료를 저렴한 것으로 대체하면 재료비가 낮아진다. 하지만 이 방법을 적용할 수 있는 것은 점포에서 자체 개발한 계절 메뉴뿐이다.

④의 샐러드바와 드링크바는 애초에 손님이 없어서 한산한 시간대에 손님을 끌기 위해 생긴 메뉴였다고 한다. 하지만 문제가 생겼다. 주부나 학생이 엉덩이를 붙이고 좀처럼 일어나지 않는 것이다. 특히 오후와 심야 시간대에서는 드링크바만 주문하고 몇 시간이나 눌러앉는 손님이 적지 않다.

재료비율을 낮추는(즉 한계이익률을 높이는) 방법

사용량이 줄면
재료비도 줄어든다.

매입 단가가 낮아지면
재료비도 줄어든다.

재료비 = 사용량 × 매입 단가

① 밥, 샐러드, 아이 스크림의 양을 10% 줄인다.

② 각 테이블에 비치된 소스와 간장을 없앤다.

매입가는 본부에서 결정하기 때문에 이 경우에는 이 방법을 적용할 수 없다.

③ 점포에서 자체 개발한 계절 메뉴의 레시피를 재검토한다.

④ 샐러드바와 드링크바를 런치타임과 디너타임으로 제한한다.

'재료비율이 30%면 한계이익률은 70%'인 관계

한계이익 = 매출액 − 재료비(변동비)

$$\frac{한계이익}{매출액} = 1 - \frac{재료비}{매출액}$$

한계이익률

재료비율

◀ 양변을 매출액으로 나눈다.

매출이 적은 데다가 비용이 쌓인 결과 점포 전체의 한계이익률이 악화됐다고 분석했으리라. 시간 제한을 설정한 것은 분명 그 때문이다. 그러나 이 전략을 시행하면 손님이 줄어드는 것을 피할 수 없을 것이다. 이러한 판단이 옳은지 그른지 히카리는 알쏭달쏭했다.

마지막인 ⑤는 한계이익률이 높은(즉 재료비율이 낮은) 상품을 적극적으로 추천하는 플랜이다. 이 방법들을 이용해 점포 전체의 평균 한계이익률을 올리려는 의도다.

세 번째 축은 고정비 삭감이다.

> 3. 고정비를 일률적으로 10% 삭감한다(임대료와 관리비, 아르바이트비, 감가상각비 제외).

고정비를 쉽게 줄일 수 없다는 사실은 히카리도 알고 있었다. 이를테면 점포 임대료나 주방에 있는 냉장고 리스비는 이미 계약으로 정해져 있으니 매출이 많든 적든 상관없이 매월 같은 금액이 자동으로 은행 계좌에서 빠져나간다. 또 설비와 기계 등의 감가상각비는 이미 대금을 지급한 상태다. 점장의 급여 역시 고정 급여이니 마음대로 깎을 수 없다.

이와 달리 아르바이트비, 수선비, 수도 광열비, 광고 선전비, 휴지나 비누 등의 소모품비는 마음만 먹으면 줄일 수 있다. 이 비용이라면 10% 삭감이 가능해 보인다.

이렇게 하나씩 검토해보니 겨우 열네 줄로 이뤄진 액션 플랜에 참으로 깊은 의도가 숨어 있음이 느껴졌다.

'과연 이노키 실장님이야.'

히카리는 저도 모르게 감탄했다.

"어때? 리더가 돼서 액션 플랜을 실행해보는 게?"

미츠즈카는 히카리의 대답을 기다렸다.

히카리의 가슴속에는 여전히 불안함이 남아 있었다. 그러나 이런 기회는 두 번 다시 오지 않을 것이다.

'이건 꼭 해야 해.'

히카리는 "알겠습니다"라고 대답했다.

제5장

정확하지만 과거만을 말하는 재무제표

July

3월　4월　5월　6월　**7월**　8월　9월　10월　11월　12~1월

| 7월 |
July

사면초가에 빠진 히카리

한 달이 지나 7월의 반이 지나갔다. 그러나 그해는 평년보다 장마가 길어서 여전히 찐득찐득한 날씨가 이어졌다. 로미즈 센노하타점의 실적도 갤 기미가 없는 장마처럼 저공비행을 계속하고 있었다.

히카리는 몇 번이나 설명회를 열어서 아르바이트생 한 사람한 사람에게 액션 플랜의 의미를 설명했다. 그렇지만 그 설명에 귀를 기울인 사람은 주방에서 일하는 나카야마 준코와 고등학생인 사에코와 리카뿐이었다. 마나미조차 히카리의 이야기를 진지하게 듣지 않았다.

히카리는 점차 출근하는 것이 괴로워졌다. 그러나 리더인 자신이 결근할 순 없는 노릇이었다. 이제 책임감만이 히카리를 지탱할 뿐이었다.

완벽하게 보였던 액션 플랜에 혹시 결점이 있는 건 아닐까? 히카리는 의문이 들기 시작했다.

예를 들면 인시 매출액을 이용해 아르바이트생을 관리하고부터 종업원의 태도가 확 달라졌다. 사에코와 리카도 자신의 매출밖에 생각하지 않았다. 그나마 마나미와 다른 대학생들에 비하면 그 둘은 양반이었다. 대학생 아르바이트생들은 노골적으로 다른 사람의 고객을 가로채고 값비싼 메뉴를 집중적으로 권했다.

그들에게 목표를 정해주고 할당량을 달성하도록 조장한 사람은 다름 아닌 미츠즈카 점장이었다. 정기 회의에서 아르바이트생들이 일제히 "아르바이트비를 일률적으로 50엔이나 삭감해서 의욕이 나지 않아요"라고 항의했다. 그러자 궁지에 몰린 미츠즈카가 "인시 매출액 4,000엔을 달성한 사람은 그다음 주 아르바이트비를 예전 수준(대학생과 파트타이머 1,100엔, 고등학생 900엔)으로 올려주겠다"고 약속한 것이다. 홀 직원들은 그 구두 약속에 민감하게 반응했다.

히카리는 미츠즈카에게 곧장 그 약속을 철회하라고 요청했

회계학 콘서트 ❹ 비용 절감

지만 미츠즈카는 "모두 열심히 일할 마음이 생겼는데 뭐가 문제야?"라며 대수롭지 않게 여겼다.

그뿐만이 아니었다. 밥과 샐러드의 양을 줄였더니 젊은 고객층이 눈에 띄게 줄었다. 그만큼 클레임은 늘었다.

"이게 도대체 어떻게 된 거요? 테이블에 있던 소스를 없애질 않나, 화장실에 있던 생화를 싸구려 조화로 바꾸질 않나, 또 세면대에 있어야 할 종이 타월은 언제 채워놓을 셈이야?"

단골손님이 갑자기 이렇게 화를 낸 일도 있었다.

히카리는 더 이상 좋은 생각이 나지 않아 이노키에게 전화를 걸었다. 그러나 이노키는 "지금 바쁘니까 다음에 다시 걸어"라며 인정머리 없이 외면했다.

히카리는 아즈미와의 면담을 목이 빠져라 기다릴 수밖에 없었다.

오케스트라 지휘자

히카리가 약간 딱딱하면서 품위 있어 보이는 의자에 앉아 입을 열었다.

"모차르트의 음악이 이렇게 마음의 안정을 줄지 몰랐어요."

"다행이로군. 난 일에 지쳤을 때 모차르트의 디베르티멘토(희유곡. 18세기 후반에 유럽, 특히 오스트리아에서 성행했던 기악곡—옮긴이)를 듣곤 하지."

아즈미는 파김치가 된 히카리에게 기분 전환을 시켜주고자 모차르트 연주회에 데려갔던 것이다.

"일이 힘든가 보군."

아즈미가 걱정스럽게 물었다.

"제가 너무 쉽게 생각했어요."

히카리는 리더 자리를 받아들였지만 실적은 좀처럼 개선되지 않고 아르바이트생들도 전혀 협조해주지 않는다고 털어놓았다. 그리고 핸드백에서 액션 플랜을 꺼내 아즈미에게 보여주었다.

아즈미는 액션 플랜을 쓰윽 훑어본 뒤 "이건 누가 만들었지?"라고 물었다.

"이노키 선배입니다."

"그래. 이노키란 말이지."

누가 봐도 알아차릴 만큼 아즈미는 낙담한 표정이었다.

"교수님은 이 액션 플랜을 어떻게 생각하시나요?"

"이노키는 결과만 좇고 있어. 결과가 나오기까지의 과정이 중요한데, 정말 중요한 게 뭔지 모르는군."

이렇게 말한 뒤 아즈미는 갑자기 화제를 바꿨다.

"오늘 연주회가 어땠는지 감상을 말해주지 않겠나?"

"오케스트라 지휘자는 대단한 존재로구나, 감탄했어요."

히카리는 좀 당황스러웠지만 순순히 대답했다.

"자네는 지휘자에게 관심을 가졌군. 흥미로운걸. 뭐가 대단한지 좀 더 구체적으로 말해봐."

"지휘봉 한 자루로 100명의 프로 연주가를 자유자재로 움직이잖아요. 저도 그렇게 되고 싶다는 생각이 들었어요."

"혹시 지금의 자신을 지휘자에게 이입시킨 건가?"

히카리는 가볍게 고개를 끄덕였다.

"저는 리더를 맡을 자격도 능력도 없어요. 아르바이트생들은 자기 할 말만 하고 제 이야기 같은 건 귓등으로도 듣지 않아요. 그런데 저는 처음에 나는 할 수 있다고 자신만만하게 생각했었어요."

히카리의 목소리에 기운이 하나도 없었다.

"히카리, 오늘 같은 명연주를 회사에 비유한다면 뭘까?"

아즈미가 부드러운 목소리로 물었다.

히카리는 잠시 생각하다가 이렇게 대답했다.

"좋은 실적이 아닐까요?"

"바로 그거야. 좋은 연주는 열심히 연습을 한 결과야. 프로

연주가가 오늘을 위해 연습을 하고 또 했기 때문에 훌륭한 연주를 할 수 있는 거지. 회사 실적도 마찬가지야. 그런데 자네는 별 노력도 없이 결과가 나쁘다는 넋두리만 하는군. 어리석은 일이라고 생각하지 않나?"

아즈미는 한 호흡 쉬었다가 이어서 말했다.

"그건 이노키도 마찬가지야. 이노키는 재무상의 수치를 목표로 내세우면 비즈니스가 잘 될 거라고 믿고 있어. 한술 더 떠서 결과가 좋지 않으면 그 자리에서 누가 범인인지 찾기 시작하지. 지식만 중시하는 인간의 나쁜 습성이야. 뭐가 정말 중요한지 전혀 모르는 거라고."

"하지만 이노키 선배는 그 회사에 스카우트된 관리회계 전문가잖아요?"

히카리는 어리둥절했다.

"글쎄, 잘 모르겠는데? 이노키는 회사를 재무적 관점만으로 생각하고 있어. 나쁜 결과에 연연하며 끙끙거린다고 뭐가 달라지나? 잘 생각해보게. 연습도 하지 않고 관객을 감동시키는 연주를 하기란 불가능한 일이야. 회계는 그렇게 만만한 분야가 아니야."

아즈미는 힘주어 말했다.

재무제표는 과거일 뿐

"재무적 관점이요?"

히카리가 여태껏 들어본 적이 없는 말이었다.

"재무적 관점이란 재무제표 같은 '과거의 숫자'를 중심에 놓고 생각하는 방식이야. 주주나 채권자 등 회사의 외부 이해관계자를 향한 재무회계상의 관점과 회사 내부의 주로 경영자를 향한 관리회계상의 관점이지. 하지만 그것은 둘 다 과거의 결과일 뿐이지, 왜 적자가 됐는지에 대한 대답은 찾을 수 없어."

아즈미의 말뜻은 대충 이해가 갔다. 그러나 히카리가 아즈미의 수업에서 배운 것은 과거의 결과를 나타내는 회계였다.

"회계는 믿을 수 없다는 말씀이신가요?"

히카리의 질문에 아즈미는 고개를 가로저었다.

"그런 말은 아니야. 회계 수치가 경영자가 가장 믿을 만한 경영 정보인 것은 틀림없는 사실이야. 일류 투자가는 재무제표의 수치를 보고 수십억에서 수백억엔 규모의 돈을 투자하니까. 그렇지만 유능한 경영자나 투자가는 결코 재무제표를 액면 그대로 믿지 않아. 재무제표는 다양한 판단 자료 중 하나에 불과해. 이게 바로 이노키 군과 자네하고 그들의 차이점이야."

뜻밖의 말이었다. 아즈미는 이노키를 높이 평가하지 않는 것이다.

'그렇다면 왜 나를 로미즈로 보낸 걸까?

균형성과지표의 네 가지 관점

"좀 더 자세하게 가르쳐주세요."

히카리는 몸을 앞으로 내밀었다.

"이제야 진짜 회계가 뭔지 관심이 생기나 보군. 하지만 유감스럽게도 지금 자네에게 가르쳐주는 건 여기까지야."

"네? 왜요?"

"아무리 가치 있는 정보도 그 가치를 제대로 알지 못하면 잡음에 불과하지. 고급 와인의 맛을 모르는 사람에게 샤토 마고나 샤토 라투르를 따라준들 그 가치를 알지 못하는 것처럼 말이지."

아즈미는 컵을 들어 목을 축인 다음 이야기를 계속했다.

"난 자네에게 일부러 답을 가르쳐주지 않는 게 아니라 가르쳐주지 못하는 거야. 모든 답은 현장에 있어. 옛사람들이 많은 시간을 들여 생각한 지식을 머리에 집어넣은 사람은 그냥 많이 아는 사람일 뿐이야. 경험을 쌓아 오감을 훈련해서 긴장감을 갖고 그 지식을 직접 사용해야 비로소 본질이 눈에 들어오는 법이지. 하지만 지식을 어떻게 사용해야 할지 가르쳐줄 수는 있어. 자네가 '오늘의 마카롱'을 산다면 말이야."

아즈미는 히카리에게 공책을 건네받고는 굵은 만년필로 재무적 관점, 고객 관점, 내부 프로세스 관점, 학습과 성장 관점이라고 썼다.

"이걸 균형성과지표(BSC: Balance Score Card, 재무지표 중심의 성과 평가체계의 한계를 극복하고 기업의 비전과 전략을 구현하기 위한 요인을 네 가지 관점에서 균형 있게 평가하는 전략적 성과 평가체계를 말한다—옮긴이)라고 하는데 말이야. 이 그림을 머리에 집어넣고 전략을 세워서 행동하는 거야."

아즈미는 설명을 하다 말고 지나가는 웨이트리스에게 마카롱 두 개를 주문했다.

"재무적 관점은 고객 관점과 내부 프로세스 관점을 변환한 것에 지나지 않아. 고객 관점의 결과는 손익계산서의 매출액으로 내부 프로세스 관점은 비용과 자산으로 나타나지. 즉 이 두 가지 관점을 갖고 개선책을 세우지 않는 한, 성과, 즉 흑자 전환은 꿈도 꾸지 못한다는 거지."

히카리는 한 마디라도 놓칠세라 아즈미의 말에 온 신경을 집

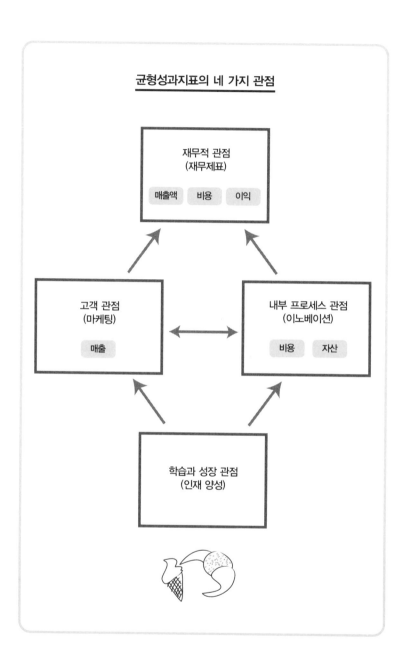

균형성과지표의 네 가지 관점

재무적 관점
(재무제표)

매출액　비용　이익

고객 관점
(마케팅)

매출

내부 프로세스 관점
(이노베이션)

비용　자산

학습과 성장 관점
(인재 양성)

중했다.

"하지만 이 두 가지 관점을 떠받치는 것은 학습과 성장 관점임을 잊어선 안 돼. 이를테면 지휘자의 역할이 연주회에서 지휘봉을 휘두르는 게 다가 아냐. 작곡가의 의도를 탐구하고 지휘자 본인이 이해한 것을 연주자에게 전달해서 날마다 연습해야 비로소 오늘 같은 명연주를 할 수 있지. 회사도 마찬가지야. 일하는 사람의 학습과 성장을 도외시한 업무 개선은 있을 수 없어."

주문한 마카롱이 나왔다. 아즈미는 곧바로 마카롱을 집어서 입에 넣었다.

"자네는 재무적 관점을 제외한 나머지 관점 중에서 가장 먼저 착수해야 할 과제가 뭐라고 생각하나?"

"고객 관점… 아닐까요?"

히카리는 모기만 한 소리로 자신 없이 말했다.

"그래, 맞아. 돈을 내는 것은 고객이니까. 저 사람들을 봐."

아즈미는 계산대 앞에 줄지어 서 있는 많은 여자들에게 눈길을 주며 말했다.

"그런데 로미즈는 시급이 얼마지?"

"대학생은 1,050엔, 고등학생은 850엔인데요."

"이 마카롱이 한 개에 400엔이니까 자네가 한 시간 동안 일해도 이걸 두 개밖에 못 산다는 계산이 나오는군. 그런데도 이 가게에선 이렇게 비싼 마카롱이 날개 돋친 듯 팔리고 있어. 이렇게 대단한 가게를 누가 만들었을까?"

"이 가게의 주인이겠죠."

히카리가 대답했다.

그러나 아즈미는 고개를 저으며 말했다.

"물론 이 가게의 창업자가 마카롱을 메뉴에 넣어서 판매했겠지. 하지만 물건이 팔리지 않으면 장사를 계속할 수가 없어. 손님은 만족감을 느끼려고 이 가게에 와서 400엔이나 하는 과자를 기꺼이 사 가지. 이제 알겠지? 이 가게는 고객이 만든 거야."

아즈미가 무슨 말을 하는지 점점 분명해졌다. 고객이 무엇을 원하는지 파악하면 매출이 증가하는 것이다. 히카리는 자신이 깨달은 내용을 아즈미에게 말했다.

"바로 그거야. 그리고 또 하나. 센노하타점의 실적이 나쁘다고 해서 손님이 불만만 품고 있는 건 아니라는 점을 알아야 해. 계속 찾아오는 손님도 있잖아. 그들은 센노하타점에 원하는 바가 있어서 찾아오는 거야. 자네는 그게 무엇인지 알아내야 하네. 사실은 대단한 가치가 있는데 너무 당연해서 간과하는 부분이 있을지도 몰라. 아니면 반대로 다른 가게는 식은 죽 먹기로 하는데 로미즈는 잘 못하는 것이 있을 수도 있지. 그게 무엇인지 찾아내야 해."

'그렇구나. 하지만 어떻게 해야 할지 모르겠어.'

"어떻게 찾아야 할까요?"

"그건 말이지."

아즈미는 하나 남은 마카롱을 마저 집으며 이야기하기 시작했다.

"고객에게 직접 물어봐. 손님이 답을 알고 있으리라는 보장도 없고 손님이 말한 답이 항상 옳은 것만도 아니야. 하지만 여러 명의 고객에게 계속 같은 질문을 던지다 보면 정답이 보이기 시작할 거야. 다음 달에 어떤 보고를 할지 기대하겠네."

아즈미는 계산서를 집어 들고 자리에서 일어났다. 히카리가 허둥지둥 지갑에서 1,000엔을 꺼내 "이거, 마카롱 값이요"라며 아즈미에게 건넸다.

"아, 그렇지. 잘 먹었네."

아즈미는 빙긋 웃었다.

제6장

고객의 목소리는
신의 목소리

/

August

3월 4월 5월 6월 7월 8월 9월 10월 11월 12~1월

|8월|
August

눈덩이처럼 불어난 적자

8월이 되어 본격적인 여름을 맞이한 도쿄는 연일 찜통더위가 계속되고 있었다. 여느 때처럼 일을 마치고 돌아가려는 히카리에게 미츠즈카가 새파랗게 질린 얼굴로 "잠깐 나 좀 보지" 하고 말을 걸었다. 미츠즈카는 눈동자를 굴리며 주위에 아무도 없는 것을 확인하고는 히카리를 사무실로 불러들였다.

"이걸 좀 봐."

7월 손익계산서에는 믿을 수 없는 숫자가 박혀 있었다. 7월이 되자 에어컨 사용량이 증가한 탓에 전기료가 증가했지만 광고 선전비와 소모품비를 그만큼 줄여서 겨우 구멍을 메꿨다. 하지만 문제는 그게 아니었다. 매출이 엄청나게 떨어졌던 것이다.

로미즈 센노하타점의 월별 재무제표(5월~7월)

매출이 900만 엔 이하로 떨어졌다.

(단위: 엔)

과목		5월	6월	7월	
매출액		9,360,000	9,190,000	8,750,000	100%
변동비		3,280,000	3,110,000	2,940,000	33.6%
재료비		3,280,000	3,110,000	2,940,000	33.6%
한계이익		6,080,000	6,080,000	5,810,000	66.4%
개별 고정비		7,030,000	6,840,000	6,880,000	78.6%
인건비	급여·교통비	3,100,000	3,040,000	3,080,000	35.2%
임대료와 관리비	임대료	1,500,000	1,500,000	1,500,000	17.1%
	수선비	250,000	250,000	250,000	2.9%
기타 비용	수도 광열비	880,000	790,000	830,000	9.5%
	광고 선전비	220,000	200,000	170,000	1.9%
	소모품비	200,000	180,000	170,000	1.9%
감가상각비		880,000	880,000	880,000	10.1%
공헌이익		△950,000	△760,000	△1,070,000	
공통 고정비 (본사 비용)		936,000	919,000	875,000	10.0%
점포 이익		△1,886,000	△1,679,000	△1,945,000	

공헌이익의 적자가 증가했다!

목표액인 1,000만 엔을 달성하기는커녕 900만 엔 선이 깨지고 875만 엔까지 급감했다. 그 결과 감소 추세였던 공헌이익의 적자액이 다시 부풀어 올라 100만 엔을 훌쩍 넘겼다.

매출이 감소한 이유는 분명했다. 고객이 눈에 띄게 줄어들었던 것이다. 이윤이 큰 메뉴를 노골적으로 권유하고 성의 없는 태도로 고객을 대했다. 이처럼 비용을 삭감하려는 의도가 훤히 드러나는 방식이 손님에게 반감을 산 것이다. 고객 관점을 생각하지 않고 점포 사정만 우선시해서 실적을 개선하려고 한 결과였다.

'어떻게 하면 좋을까? 무슨 방법이 있긴 한 걸까…?'

히카리는 끝내 아무것도 떠올리지 못했다.

설문지함에서 아이디어를 떠올리다

집으로 돌아오는 길에 히카리는 어머니의 심부름으로 상가에 들러 장을 봤다. 이 부근에는 채소 가게와 정육점, 분위기 있는 제과점과 레스토랑이 있어서 최근에 관광지로도 유명해졌다. 히카리가 장보기를 마친 뒤 돌아가려는 때였다. 가게 문 앞에 놓인 상자가 눈에 들어왔다. 그 상자에는 커다란 글씨로 '설문지함'이라고 적혀 있었다.

상자 옆에 설문지가 놓여 있었다. 쇼핑을 하면서 느낀 점과 상가에 바라는 점을 익명으로 쓰게끔 돼 있었다. 설문지에는 '손님의 의견을 어떻게 반영했는지 가능한 한 결과를 알려드리겠습니다' 라는 글귀도 쓰여 있었다.

그러고 보니 설문지함이 비치된 뒤부터 상가가 깨끗해지고 점원들이 손님을 대하는 태도로 훨씬 좋아졌다. 텔레비전에도 몇 번 방송돼서 요즘에는 멀리서 일부러 찾아오는 사람도 늘었다고 한다. 새로운 가게들도 개업한 덕분에 상가에 활기가 넘쳤다.

"그렇구나, 고객 관점!"

히카리는 정기 면담에서 아즈미가 가르쳐준 내용을 떠올렸다. 로미즈에도 이렇게 설문지함을 비치해서 '다른 가게에는 없는 로미즈의 장점이 무엇인지', '로미즈에 결여된 것은 무엇인지' 를 고객에게 직접 들으면 되는 것이다.

히카리는 설문 내용을 생각해봤다. 예를 들면 요리의 맛과 가격, 종업원의 손님 응대 태도를 손님은 어떻게 생각하는가? (1) 만족 (2) 보통 (3) 불만. 이렇게 고르게 하면 결과를 집계하기 쉽다. 그리고 고객의 생각을 자유롭게 쓸 수 있는 칸을 마련하면 더욱 다양한 의견을 수렴할 수 있을지도 모른다.

히카리는 서둘러 집으로 돌아가서 노트북을 켜고 설문 내용을 정리했다. 순식간에 이런 설문지가 완성됐다.

회계학 콘서트 ❹ 비용 절감

1. **로미즈를 어떻게 생각하시나요?**

   ① 오늘 로미즈를 이용하시고 만족하셨나요? (만족 · 보통 · 불만)

   ② 다시 로미즈를 이용하시겠습니까?

   　(이용한다 · 이용하지 않는다 · 둘 다 아님)

   ③ 점포 시설은 만족하십니까? (만족 · 보통 · 불만)

2. **식사는 맛있게 하셨나요?**

   ① 오늘 드신 메뉴는 만족하셨습니까? (만족 · 보통 · 불만)

   - 만족스러운 메뉴 (　　　)
   - 불만족스러운 메뉴 (　　　)

   ② 오늘 드신 메뉴의 가격에 만족하셨습니까? (만족 · 보통 · 불만)

   - 만족스러운 메뉴 (　　　)
   - 불만족스러운 메뉴 (　　　)

3. **종업원의 서비스는 어떻게 생각하시나요?**

   ① 종업원의 서비스는 어떠했나요? (만족 · 보통 · 불만)

   ② 인상에 남는 종업원이 있으면 이름을 써주십시오. (　　　　　　)

4. **로미즈를 이용하시고 마음에 드신 점이 있다면 알려주세요.**

   (　　　　　　　　　　　　　　　　　　　　　　　　)

5. **로미즈를 이용하시고 불만이 있다면 알려주세요.**

   (　　　　　　　　　　　　　　　　　　　　　　　　)

설문지에 말도 안 되는 소리를 적는 사람도 있을 것이다. 하지만 그것이 고객의 진심이라면 그 또한 귀를 기울여야 한다. 히카리는 그렇게 생각했다.

마나미의 협조

다음 날 히카리는 자신이 만든 설문지를 미츠즈카에게 보였다.

"이걸 모든 테이블에 두고서 손님의 생각과 원하는 점을 알아보려고 하는데 어떻게 생각하세요?"

"설문 조사 말이지. 예전에 한 번 했었는데 어느 순간 흐지부지 끝나고 말았지. 하지만 공들여 만들었으니 리더인 자네가 하고 싶다면 해도 상관없어. 다만 돈은 들이지 마."

미츠즈카는 완전히 남의 일처럼 말했다.

"아, 마나미 씨한테는 미리 말하고서 진행하는 게 좋을 거야. 뒤에서 자네 험담을 하고 다니는 모양이야."

미츠즈카는 누구에게 들었는지 이렇게 말했다.

그날 저녁, 히카리는 일을 마친 마나미를 붙잡고 설문 조사를 하고 싶다고 말했다.

"쓸데없는 일만 하나 더 늘어나는 것 같은데. 솔직히 말하자면 댁의 컨설턴트 놀이에 참여하고 싶지 않아."

마나미가 거부감을 갖고 있다는 것은 그 표정만 봐도 충분히 전달됐다.

"분명히 말해두는데 난 원래 이런 거 진짜 싫어해. 손님 생각이 알고 싶으면 직접 물어보면 되잖아. 무기명으로 설문 조사같은 걸 해봤자 솔직하게 답하는 사람은 하나도 없을걸. 있지도 않은 일을 지어서 쓰는 사람도 있을 테고. 그럼 정말 기분 나쁘다고. 난 반대야."

마나미는 그 자리를 떠나려고 했다.

"잠깐만요. 마나미 씨가 협조해주지 않으면 이 일은 불가능해요."

"불가능하다고? 아니, 왜?"

"……"

히카리는 말을 해야 할지 망설였다.

"할 말 다 했으면 난 그만 퇴근할게."

"잠깐만요. 말할게요. 마나미 씨가 손님이라면 우리 점포에서 식사하고 싶은가요?"

"그게 무슨 말이야?"

"홀에서 일하는 종업원들의 서비스에 아무런 문제가 없다고 단언할 수 있나요?"

그러자 마나미는 이제야 알겠다는 어조로 대답했다.

"문제가 있다고 말하고 싶은가 본데, 그렇게 만든 건 점장님과 본사잖아. 아르바이트비를 미끼로 매출을 올리려 하다니 애당초 생각이 글렀어. 그런데도 일하는 짬짬이 생긋거리며 다소곳이 서 있으라는 거야?"

"그건 아니에요. 하지만 일부러 우리 점포를 찾아온 손님을 불쾌하게 만드는 태도는 좋지 않다고 생각해요. 그것 말고도 혹시 고칠 점이 더 있을지도 모르고요. 그런데 제가 패밀리 레스토랑에서 일하는 게 처음이라 손님이 뭘 원하는지 알 수가 없어요. 그래서 설문 조사를 하려는 거예요."

마나미는 잠깐 생각하다가 입을 열었다.

"나도 그런 건 몰라. 저기, 그거 점장님이 허락하셨어?"

"네."

"그래? 그렇다면 설문 조사를 하려는 건 히카리만이 아니라 이 점포의 방침이라는 뜻이네. 점장님 지시라면 해야겠지."

이렇게 말하고 마나미는 탈의실로 사라졌다.

드디어 관문 하나를 통과했다. 히카리는 곧바로 설문지를 복사해서 테이블마다 가져다놓았다.

'손님들은 로미즈를 어떻게 생각하고 있을까?'

히카리의 가슴에 불안감과 기대감이 차올랐다.

예상보다 냉담한 평가

설문 조사를 시작한 지 2주가 지났다. 설문 조사에 응한 손님은 얼마 되지 않았지만 그래도 설문지함을 열어보니 설문지가 30장이나 들어 있었다. 히카리는 리카와 사에코와 함께 회수한 설문 결과를 꼼꼼히 읽어봤다.

"이거, 손님들의 본심인 거겠죠?"

사에코가 한숨을 쉬었다.

설문 조사에 응한 30명 중 로미즈를 이용해서 좋았다고 대답한 사람은 3명뿐이었고 나머지는 대부분 불만이었다. 게다가 다시 오고 싶지 않다고 답한 사람이 18명이나 되는 것도 충격이었다.

정규 메뉴인 카레라이스와 햄버그 정식은 만족한 사람과 불만족한 사람의 수가 같았다. 그러나 의도적으로 한계이익률을 높게(재료비율을 낮게) 설정한 계절 메뉴는 손님들 평가가 좋지 않았다. 점포의 시커먼 속이 훤히 보인다는 말이다. 샐러드바는 인기가 있긴 하지만 시간 제한을 둔 것과 종류가 적은 것에

| 설문 조사 결과 |

1. 로미즈를 어떻게 생각하시나요?

① 오늘 로미즈를 이용하시고 만족하셨나요? (만족 3, 보통 5, 불만 22)

② 다시 로미즈를 이용하시겠습니까?

　(이용한다 4, 이용하지 않는다 18, 둘 다 아님 8)

③ 점포 시설은 만족하십니까? (만족 3, 보통 12, 불만 15)

2. 식사는 맛있게 하셨나요?

① 오늘 드신 메뉴는 만족하셨습니까? (만족 10, 보통 8, 불만 12)

　· 만족스러운 메뉴 (피자 6, 안닌도후 4, 햄버그 정식 3, 카레라이스 2)

　· 불만족스러운 메뉴 (계절 메뉴 4, 햄버그 정식 3, 카레라이스 2)

② 오늘 드신 메뉴의 가격에 만족하셨습니까? (만족 6, 보통 14, 불만 10)

　· 만족스러운 메뉴 (피자 5, 안닌도후 3, 샐러드바 2, 드링크바 1)

　· 불만족스러운 메뉴 (햄버그 정식 4, 돈가스 정식 3)

3. 종업원의 서비스는 어떻게 생각하시나요?

① 종업원의 서비스는 어떠했나요? (만족 5, 보통 17, 불만 8)

② 인상에 남는 종업원이 있으면 이름을 써주십시오.

　(히카리 2, 사에코 1, 리카 1)

4. 로미즈를 이용하시고 마음에 드신 점이 있다면 알려주세요.

(피자 / 안닌도후 / 샐러드바 / 드링크바 / 종업원과의 대화)

5. 로미즈를 이용하시고 불만이 있다면 알려주세요.

(계절 메뉴의 맛과 가격 / 카레라이스 양 / 종업원끼리 잡담을 함)

(햄버그 정식에 밥이 너무 적다 / 정식에 곁들여 나오는 샐러드 양이 너무 적다)

(주문하고 음식이 나오기까지 너무 오래 걸린다 / 화장실이 어둡다)

(샐러드바와 드링크바 이용 시간을 제한한 점이 싫다)

불만을 드러냈다. 종업원과 이야기하는 것을 즐기는 손님도 있지만 종업원끼리 수다를 떠는 광경에 눈살을 찌푸리는 손님도 있었다.

사에코가 입을 열었다.

"우리 점포, 밥 양을 줄였잖아요. 그러고 나서 인기 메뉴였던 카레라이스와 햄버그 정식의 매출이 떨어진 게 아닐까요? 본말이 전도되었네요."

"계절 메뉴도 이 상태론 팔리지 않는 게 당연해요. 양은 적지, 채소만 많지. 게다가 가격은 또 우리 점포에서 가장 비싸잖아요."

리카도 액션 플랜의 모순을 깨달은 듯했다.

둘의 이야기를 들으며 히카리가 입을 열었다.

"두 사람 말이 맞아. 액션 플랜에는 중대한 착오가 있는 것 같아. 부끄럽지만 그걸 간파하지 못했어. 하지만 난 비관하지 않아. 꼭 나쁜 내용만 있는 건 아니니까."

"네? 정말요?"

사에코와 리카가 얼굴을 마주 보았다.

"나 말이지, 센노하타점의 매출이 감소하고 적자 상태에서 헤어나지 못하는 것은 손님이 만족하는 상품이 전혀 없기 때문이라고 생각했어. 하지만 이 설문지를 보면 비록 얼마 안 되긴

해도 로미즈에 만족하는 손님도 있잖아."

아무래도 히카리는 아즈미에게 배운 '다른 점포에는 없는 로미즈의 장점'을 발견한 모양이었다.

"이를테면 말이지, 피자와 안닌도후(杏仁豆腐, 살구씨 분말을 이용해서 만든 중국식 디저트. 아몬드 푸딩이라고도 한다―옮긴이)는 맛과 가격 전부 만족이 많았잖아. 샐러드바도 인기가 있고. 그리고 햄버그 정식과 카레라이스는 양이 적어서 불만이었지, 맛에 불만이라는 답은 전혀 없었어."

"우리와 이야기하는 게 즐겁다는 손님이 있다는 점도 의외였어요."

리카가 이렇게 말했다.

"그거야말로 우리 점포에만 있고 다른 점포에는 없는 장점 아니겠어? 하지만 우리는 그 사실을 미처 몰랐지."

사에코가 진지한 표정으로 말했다.

"저기, 히카리 언니. 이제부터는 인기 메뉴를 열심히 판매하고 손님한테 적극적으로 말을 거는 게 어떨까요?"

"사에코, 그거 좋은 생각이야."

"그런 거라면 당장 오늘부터 할 수 있겠네. 나도 손님하고 잡담을 하곤 하는데 손님한테 말을 거는 게 나쁜 게 아니었어."

리카가 활짝 웃었다.

그날 히카리는 설문 조사 결과와 셋이서 이야기 나눈 내용을 정리해서 '매출 증대를 위한 제안서'를 작성해 미츠즈카에게 제출했다.

인기 메뉴를 팔면 매출이 오른다

"스가다이라 씨가 이런 제안서를 만들었습니다."

미츠즈카는 히카리의 제안서를 이노키에게 보였다.

매출 증대를 위한 제안서

별첨한 설문 조사 결과를 근거로 아래와 같이 제안합니다.

① **적극적으로 판매할 상품: 인기 메뉴를 추천해 매출 증대를 꾀합니다.**
　· 안닌도후
　· 샐러드바
　· 드링크바
　· 카레라이스(밥과 곁들이는 샐러드 양을 예전만큼 늘린다)
　· 햄버그 정식(밥과 곁들이는 샐러드 양을 예전만큼 늘린다)

② **레시피를 개선해야 할 상품: 인기 없는 메뉴를 개선해서 취약한 부분을 보완합니다.**
　· 계절 메뉴

"아니, 미츠즈카 점장, 자네 이 제안을 수락했나?"

이노키는 제안서의 내용을 읽자마자 불만을 토해냈다.

"네. 인기 메뉴를 전면적으로 내세우면 매출이 증가한다고 해서요. 잘못됐습니까?"

"자네 정말 아는 게 없군. 매출이 늘어도 이익이 늘지 않으면 의미가 없잖아. 정말 중요한 건 상품의 한계이익률이라고."

이노키는 어린아이를 타이르듯이 설명했다.

"자, 내 말 좀 들어보게. 안닌도후는 한계이익률이 너무 낮아. 햄버그 정식과 카레라이스도 한계이익률이 낮기 때문에 밥과 샐러드를 줄여서 내놓게 한 거야. 그걸 다시 원래대로 돌리자니 상식이 있는 거야 뭐야. 또 피자는 한계이익률이 높으니까 적극적으로 팔아야 하는 메뉴야. 그리고 샐러드바 말인데, 그건 손님을 긁어모으는 미끼일 뿐이라는 걸 히카리가 모르는 것 같군. 샐러드바만 이용하려는 손님이 늘었다간 센노하타점은 파산이야. 드링크바도 그래. 주부나 학생들이 달랑 150엔 내고 몇 시간씩 눌러앉아 있는데 장사가 되겠어? 나한테 보고도 하지 않고 멋대로 허가하다니, 자네 제정신인가?"

이노키는 미츠즈카에게 분통을 터뜨렸다. 히카리가 자신이 만든 액션 플랜에 반기를 든 것을 참을 수 없었다.

"당장 중지시키겠습니다."

미츠즈카가 휴대전화를 꺼냈다.

"잠깐 기다려. 그렇게 하면 스가다이라가 일할 의욕을 잃을 지도 몰라."

이노키는 잠깐 곰곰이 생각하다가 이렇게 말했다.

"어차피 자기가 틀렸다는 걸 알게 되겠지. 하지만 더 이상 실적을 악화시킬 순 없어. 일단은 안닌도후를 한정 판매하도록 해봐. 한계이익률이 낮은 안닌도후는 아무리 많이 팔아봤자 실적이 올라가지 않을 테니 말이야."

"그렇게라도 시정하겠습니다."

미츠즈카는 서둘러 센노하타점으로 돌아갔다.

제7장

숨어 있는
이익을 찾아내라

/

September

3월   4월   5월   6월   7월   8월   9월   10월   11월   12~1월

| 9월 |
September

한 줄기 빛

9월도 앞으로 1주일이면 끝난다.

이노키의 예상과는 달리 센노하타점의 매출액이 조금씩 회복 조짐을 보이기 시작해서 히카리는 일을 추진하는 보람을 느꼈다. 일등 공신은 히카리의 생각대로 매출이 회복된 햄버그 정식과 카레라이스였다. 특히 저녁부터 피크 타임에 오는 손님 수가 눈에 띄게 늘어나 인시 매출액도 개선될 조짐이 보였다.

"어머, 가오리, 어서 오렴. 오늘은 뭘 먹을래?"

히카리가 다정하게 말을 건네자 여자아이가 함박웃음을 지으며 대답했다.

"언니가 내 이름을 기억하네. 아이, 좋아."

"전에 왔을 때보다 가게가 좀 밝아진 것 같네요."

오랜만에 얼굴을 보인 중년 여성은 옆 테이블에 자리를 잡고 는 점포를 둘러보며 히카리에게 이렇게 말했다.

계산대에서는 리카가 밝고 기운찬 표정으로 고객을 배웅하고 있었다.

"감사합니다, 사타케 씨. 또 오세요!"

히카리는 자신의 마음가짐이 변했음을 느꼈다.

예전에는 웨이트리스라는 일에 거부감이 들었다. 어린애에 게나 어울릴 법한 유니폼을 입고서 억지웃음을 지으며 손님을 응대해야 하다니 정말 하기 싫다는 생각뿐이었다.

그러나 고객 관점을 의식하며 손님을 대하다 보니 여러 가지 사실이 보이기 시작했다. 예를 들면 손님이 이 점포를 찾는 목적이다. 그들은 배를 채우기 위해서만이 아니라 즐거운 시간을 보내기 위해 이곳으로 오는 것이다. 손님이 가격에 왜 그렇게 깐깐한지도 알게 됐다. 자신이 지불한 금액보다 더 큰 만족을 얻지 못하면 두 번 다시 오지 않는다. 히카리는 비로소 '고객 만족'이 무슨 뜻인지 실감할 수 있었다.

또 하나 큰 변화가 있었다. 히카리를 대하는 마나미의 태도 가 약간 달라졌다.

"히카리 씨가 근무하는 시간에는 점포 분위기가 딴판이야.

나도 좀 본받을까 봐."

센노하타점이 이제야 긍정적인 방향으로 움직이기 시작하는 듯했다.

그러나 고객의 불만이 아예 없어진 것은 아니었다.

"죄송합니다. 안닌도후가 다 떨어졌습니다."

"그거 먹으려고 여기까지 왔는데….."

이노키의 지시에 타협한 것이 역효과를 낳고 있었다.

바로 옆 건물에 카퍼즈가 들어온다고?!

그런 와중에 청천벽력 같은 소식이 전해졌다.

본사에 들렀다가 오후에 돌아온 미츠즈카가 새파랗게 질린 얼굴로 "지금 시간 되는 사람들은 모두 사무실로 모여요"라고 했다. 이제 막 유니폼으로 갈아입은 히카리와 그때가 근무시간이었던 마나미, 준코를 비롯해 주방에서 일하는 몇 명이 차례차례 사무실로 들어섰다. 미츠즈카는 떨리는 마음을 진정시키려고 심호흡을 몇 번 한 뒤 말했다.

"아직 확실한 이야기는 아니지만 카퍼즈가 우리 옆 건물에 들어올 것 같아."

미츠즈카의 목소리가 떨렸다.

카퍼즈는 저가 정책을 내세워 급속도로 점포 수를 확대하고 있는 대규모 패밀리 레스토랑 체인이다. 점포 출점 시 무지막지한 판매 전략을 펼치기로 유명해 같은 업계에서도 카퍼즈가 들어선다고 하면 바짝 긴장하는 형국이었다. 카퍼즈는 경쟁 업체의 코앞에 점포를 내고 개점 세일이라는 명목으로 반값 할인 행사를 펼친다. 가격도 싸고 맛도 그만그만하니 손님은 자연히 그쪽으로 가버린다. 경쟁 업체의 기존 고객을 단기간에 뿌리째 뽑아 가는 작전이다.

"개점 세일을 잘 넘긴다고 해도 정기적으로 경쟁 점포 앞에서 피자 무료 교환권을 나눠주는 수법을 쓴다고. 우리 점포 앞에서 그런 짓을 한다면 우린 눈 깜짝할 새에 망할 거야."

미츠즈카의 어깨가 축 처졌다.

"그리고 더 나쁜 소식이 있어. 올해 안에 흑자를 내지 않으면 우리 점포는 문을 닫게 될 거야. 자연히 나는 해고라더군. 오늘 경영기획 실장님한테 직접 들은 내용이야. 실장님은 자신이 만든 액션 플랜을 수정한 것을 괘씸하게 생각하시는 모양이야."

"말도 안 돼요! 우리 점포의 매출은 점점 늘고 있다고요. 실장님은 본사에서 지시를 내리기만 하지, 단 한 번도 여기에 와 보신 적이 없잖아요."

"나한테 아무리 말해도 난 힘이 전혀 없어. 실장님 말씀으로는 관리회계로 상황을 통제하고 있으니 굳이 현장에 나올 필요가 없다고 하셔."

히카리는 도무지 이해할 수 없었다. 아즈미는 입만 열면 "사실은 언제나 현장에 있다"라고 했다. 그런데 아즈미의 수업을 들었던 이노키는 아즈미와 정반대 방법으로 현장을 관리하려고 한다.

"카퍼즈가 문을 열면 우리한테 승산이 전혀 없나요?"

마나미가 끼어들었다.

"아마 없을 거야. 지금도 적자 형편에서 벗어나지 못하는데 카퍼즈가 생기면 우리 점포는 끝장이지. 문을 닫으면 자네들도 잘릴 테고 나도 이 회사에 더 이상 있을 수 없겠지. 앞으로 어떻게 해야 하나…."

그때 히카리가 입을 열었다.

"잠깐만 기다려주세요. 흑자로 돌아서면 폐점하지 않아도 되는 거죠?"

"지금 농담해? 카퍼즈와 경쟁해서 이길 리가 있나."

"그렇다고 패배 선언부터 하시다뇨!"

아무것도 하지 않고 백기를 들다니, 히카리는 기분이 상했다.

"그렇게 말하는 자네는 어떻고? 난 자네한테 리더를 맡겼고

실장님도 그렇게 허가하셨어. 하지만 자네는 리더로서 임무를 제대로 수행하고 있나? 제멋대로 액션 플랜을 뜯어고치고 책임은 나한테 넘겨씌우고 이상과 현실을 분별하지 못하는 말만 하잖아. 잘난 척하기는."

"뭐라고요…?"

히카리는 기가 막혀 말이 나오지 않았다. 점포를 위해서 했던 모든 일이 쓸데없는 일로 부정당한 기분이 들었던 것이다.

히카리의 그런 모습을 보고 웬일인지 마나미가 엄호사격을 했다.

"점장님, 말씀이 지나치시네요. 히카리 씨는 적어도 우리 점포를 개선하려고 열심히 일했어요. 요즘 점포 분위기가 밝아진 건 분명 히카리 씨 덕분이에요."

히카리는 놀란 눈으로 마나미를 쳐다봤다. 하지만 마나미는 히카리와 눈을 마주치지 않으려는 듯 다른 곳을 보고 있었다.

"그럼 자네들 마음대로 하면 되겠네."

미츠즈카는 입가를 바르르 떨더니 끝내 눈물을 글썽였다. 사무실이 쥐 죽은 듯 조용해졌고 미츠즈카는 혼잣말처럼 띄엄띄엄 중얼거렸다.

"로미즈의 역사는 우리 센노하타점에서 시작됐어. 3년 전, 유서 깊은 이 점포의 점장을 내가 맡게 됐을 때 뛸 듯이 기뻤

　회계학 콘서트 ❹ 비용 절감

지. 1호점이라는 이름이 부끄럽지 않은 점포로 만들자. 언제나 이 지역에서 사랑받는 점포가 되도록 노력하자. 그렇게 결심했었지. 하지만 생각처럼 잘 되지 않았어. 예전에는 가족들로 꽉 찼던 점포에 하나둘 빈자리가 늘어났지. 점포가 적자를 내면서부터는 본사에 얼굴을 내밀기도 싫었어. 가봤자 비난만 들었으니까."

미츠즈카는 주먹을 꽉 쥐었다.

"나도 나한테 맡겨진 이 점포 문을 닫고 싶진 않아. 하지만 어떻게 해야 할지 전혀 모르겠단 말이야. 실장님의 플랜대로 해도 생각처럼 좋은 결과가 나오지 않았어. 히카리 씨의 제안대로 해도 매출이 눈곱만큼 증가했을 뿐 적자를 해결하기엔 턱없이 부족하고. 그런데 이제 또 카퍼즈가 생긴다고? 나더러 어쩌란 말이야."

미츠즈카는 계속해서 중얼거렸다.

"이대로 손 놓고 있으면 어차피 폐점을 면치 못해. 그러니 자네들이 하고 싶은 대로 해봐. 실패해봤자 내가 잘리는 시기가 조금 앞당겨질 뿐이니까."

미츠즈카는 퇴근할 채비를 하기 시작했다. 히카리를 비롯한 종업원들은 어찌할 바를 모른 채 그런 미츠즈카를 지켜보고만 있었다.

"그럼 먼저 퇴근하겠네."

미츠즈카가 사무실을 나갔다.

"이대로 로미즈가 없어지는 건 싫은데. 어렸을 때부터 알던 곳이라 나름 애착도 있고."

마나미가 불쑥 이렇게 말했다. 그러고는 히카리 쪽으로 고개를 돌렸다.

"별로 달갑진 않지만 지금 리더를 맡을 사람은 히카리 씨뿐이야. 히카리 씨가 진심으로 이 점포를 일으켜 세우고 싶다면 힘을 보탤게."

"그렇게 해. 나도 도울 테니."

준코도 응원했다.

"고마워."

히카리는 살짝 고개 숙여 인사했다.

이들의 마음은 고마웠다. 하지만 히카리는 의욕만으로는 아무것도 해결할 수 없다는 사실을 이미 충분히 깨달았다.

이노베이션

고객 관점만으로는 센노하타점의 실적을 더 이상 끌어 올릴 수 없어 보였다. 다음 날 히카리는 아즈미에게 전화를 걸었다. 바로 통화가 됐다.

"아, 히카리! 해외 출장 갔다가 지금 돌아와서 나리타에 있네. 스시라도 먹을까?"

그런 까닭으로 이번 달 강의는 닛포리에서 하게 됐다.

아즈미는 지하철 개표구에서 히카리를 만나자 이렇게 말했다.

"오랜만이네. 업무차 파리에 갔는데 프랑스 요리는 내 위장에는 좀 부담스럽더군. 그래서 스시가 먹고 싶어져서 말이야."

아즈미는 앞장서서 성큼성큼 걸어갔다.

"아이고, 어서 오세요. 교수님."

스시집 주인이 기운차게 아즈미를 반겼다.

아즈미는 카운터 자리에 앉아 따듯한 물수건으로 얼굴을 훔쳤다.

"알아서 줘요. 그리고 사케 한 병 따끈하게."

아즈미는 따끈한 사케가 나오자 흐뭇한 얼굴로 말했다.

"난 이 순간이 정말 즐거워."

아즈미는 잔에 술을 따랐다.

"그런데 자네 뭐가 그렇게 고민인가?"

"센노하타점이 폐점될지도 몰라요. 이노키 선배님이 올해 안에 흑자 전환하지 못하면 문을 닫겠다고 한 모양이에요. 그렇게 되지 않도록 모두 힘을 합치자고 이야기하긴 했지만 방법을 못 찾겠어요."

"고객 관점은 어떻게 됐지?"

"손님들한테 설문 조사를 해서 고객 관점에서 업무를 개선하는 작업은 계속하고 있어요. 성과도 조금은 나왔고요. 하지만 그것만으로는 적자를 흑자로 만들 수가 없네요."

"아하, 그래서 나한테 전화했구먼. 이제 다음 강의를 듣고 싶은 거로군."

아즈미는 싱긋 웃으며 양복 안주머니에서 만년필을 꺼내더니 히카리가 항상 가지고 다니는 공책에 만년필로 내부 프로세스 관점이라고 크게 썼다.

"균형성과지표 그림을 다시 생각해봐(108쪽 참고). 고객 만족도를 높이려면(고객 관점) 내부 프로세스 관점을 반드시 고려해야 해. 즉 상품 기획, 판매 예측, 식재료 발주, 재고 관리, 조리 방법, 고객 응대 방법, 점포 인테리어 같은 모든 내부 프로세스를 재검토해서 센노하타점에 이노베이션(혁신)을 일으켜야 해."

"이노베이션이요…?"

익숙한 용어였지만 히카리는 그 의미가 와 닿지 않았다.

"자네들이 기계적으로 날마다 반복하는 업무 방식을 새로운 시각, 새로운 방법, 새로운 가치관에 입각해 검토함으로써 센노하타점에 이노베이션을 일으키는 거야."

히카리는 '이노베이션'이라는 말에 끌렸다. 그렇다, 센노하타점에는 근본적인 혁신이 필요하다.

"그렇게 하면 센노하타점이 다시 태어날 수 있을까요?"

"자네들이 끝까지 해낸다면."

"열심히 하겠어요. 어떻게 해야 할까요?"

"그럼 특별히 자네한테만 가르쳐주지."

생산성을 높여라

아즈미의 강의가 시작됐다.

"혁신의 핵심은 두 가지야. 하나는 제품과 서비스로 고객을 만족시킬 것. 또 하나는 업무 생산성을 향상시킬 것."

아즈미는 방금 말한 내용을 공책에 적었다.

① 제품과 서비스로 고객을 만족시킬 것
② 생산성을 향상시킬 것

①이 고객 관점에서 제품과 서비스를 제공하라는 뜻이라는 것은 히카리도 알 수 있었다. 하지만 ②의 생산성 향상은 처음 듣는 말이다. 히카리가 고개를 갸웃거리자 아즈미는 이런 이야기를 시작했다.

"예전에 요리 학원에 다닌 적이 있었는데 말이야. 그때 요리 강사가 우리한테 도미를 한 마리씩 주고 마음대로 요리해보라고 했지. 나는 먼저 회를 쳤고 생선 대가리는 소금을 뿌려서 구웠네. 껍질과 가시, 내장은 그냥 버렸어. 그랬더니 강사가 이 아까운 걸 왜 버리느냐고 야단을 치는 게 아니겠어? 강사는 내가 버린 것들을 다시 주워서 도마 위에 올려놨어. 껍질은 전병처럼 바삭바삭하게 굽고 가시로는 맛있는 국을 끓이더군. 더 놀라운 건 내장을 볶아서 술안주를 만들지 뭔가. 얼마나 맛있던지 과연 전문가는 다르구나 하고 감탄했지."

아즈미는 그 광경이 떠오르는지 꿀꺽 침을 삼켰다.

"다시 말해서 그 강사는 생산성을 높인 거야."

"생산성…."

히카리는 그래도 완전히 이해되지 않았다.

"관리회계에서 생산성 향상이란 비용 삭감과 자산 활용을 가리키지. 비용 삭감은 변동비와 고정비를 낮춘다는 뜻이야. 즉 낭비하는 재료 없이 제품 수율(收率)을 높이고 쓸데없는 인건비와 경비를 제거하는 거야. 또 자산 활용은 설비를 유용하게 이용해서 가동률을 높인다는 말이야."

비용 삭감

아즈미는 이어서 말하며 공책에 요점을 적었다.

"수율이요?"

"투입한 원료 중 몇 퍼센트가 제품으로 완성됐는지 나타내는 값을 수율이라고 해. 단순하게 말해 도미의 몸통과 대가리만 사용한 내 요리의 수율을 70%라고 치면 껍질과 가시, 내장을 모두 사용한 요리 강사의 수율은 90~100% 정도겠지. 자네가 일하는 점포에서도 잘 연구해서 식재료를 버리지 않고 모두 쓸 수 있다면 수율이 더 올라가서 재료비율이 낮아질 거야."

"그러면 고정비 증가를 억제한다는 건 무슨 뜻이죠?"

"고정비는 예산액을 정해서 그 범위에서만 지출하도록 하는 거지. 아무 생각 없이 쓰다 보면 점점 느는 것이 지출이야. 내 몸에 붙은 지방처럼 말이야."

아즈미는 자기 배를 쓰다듬었다.

"그렇지만 점포의 실적을 끌어 내릴 정도로 지나치게 절약하는 것도 금물이야."

"절약을 했는데 실적이 내려갈 수도 있나요?"

히카리는 그 말이 마음에 걸렸다.

"손님이 있는데도 조명을 줄이거나 화장실에 비치된 비누나 종이 타월을 없애거나 날이 더운데도 에어컨을 켜지 않거나 아르바이트생 수를 지나치게 줄이는 것을 말하지. 손님은 만족감을 원해서 점포를 찾았는데 서비스가 나쁘다고 느끼면 두 번 다시 오지 않겠지?"

히카리는 그 말이 정답이라고 생각했다. 고객 설문 조사 결과에서도 분명히 드러난 내용이었다. 그럼에도 이노키는 비용을 절감하면 이익이 증가한다는 생각에서 벗어나지 못하고 있었다. 절감하면 안 되는 비용도 분명히 있건만.

"없어도 되는 낭비 요소는 생각지도 못한 곳에 숨어 있는 법이야. 자신을 명탐정이라고 생각하고 직접 점포를 구석구석 살펴보게."

점포에 이노베이션을 일으키는 방법

내부 프로세스 관점(혁신)

① 제품과 서비스로 고객을 만족시킬 것
② 생산성을 향상시킬 것

(1) 비용 삭감

- 수율을 높여 재료비율(변동비율)을 낮춘다.
  식재료를 낭비하지 않음으로써 수율을 높인다.

- 고정비 증가를 억제한다.
  군살(쓸데없는 비용)을 줄인다.
  그러나 근육(점포에 꼭 필요한 비용)은 줄이지 않는다.

(2) 자산 활용

- 설비 가동률을 높인다.
- 재고 회전 속도를 높인다.

자산 활용법

"그럼 설비 가동률을 높이려면 어떻게 해야 하나요?"

"가급적 설비를 놀리는 시간을 없애고 기존 설비를 잘 활용하는 거지. 설비 가동률을 높이면 제품 한 개당 고정비가 줄어드니까 말이야."

히카리는 그 말뜻도 금방 이해할 수 없었다.

"예를 들어 페트병에 든 주스를 제조하는 회사가 있다고 가정해보게. 그 회사는 제조 라인의 가동률이 50%로 한 달에 5만 개를 생산해. 그 제조 라인에 들어가는 월 보험료, 감가상각비, 작업자 임금이라는 고정비를 100만 엔이라고 하면, 페트병 한 개당 고정비가 20엔 드는 셈이야. 가동률을 100%로 끌어 올리면 생산 수량이 기존의 두 배인 10만 개가 되니까 개당 고정비는 그 절반인 10엔으로 감소하지. 즉 가동률을 높일수록 개당 고정비가 감소해서 그만큼 이익이 증가한다는 얘기야."

아즈미는 잔에 술을 한 잔 더 따르더니 단숨에 들이켰다.

"점포에 피자를 굽는 화덕이 있다지?"

"네. 하지만 오후와 밤에 붐비는 시간대에만 사용해요."

"그거 참 아깝군."

아즈미는 피자를 다른 시간대에도 만들어서 판매해야 한다고 말하는 것이다. 그러나 피자를 구우려면 많은 시간과 일손이 필요하다. 그리고 가격이 비싼 편인 피자가 그렇게 많이 팔릴지 히카리는 자신이 없었다.

재고 회전 속도를 높여라

"사람들이 의외로 잘 잊어버리는 게 있는데 생산성을 높이려면 재고 가동률도 높여야 해."

"…."

"무슨 뜻인지 잘 모르겠나 보군. 정확하게 말하자면 재고 회전 속도를 높이는 거야. 회전 속도가 빠를수록 돈 버는 능력이 커지지."

히카리는 '돈 버는 능력'이 무슨 뜻인지 이해할 수 없었다. 고개만 갸웃거리자 아즈미는 뜬금없이 스시 이야기를 꺼냈다.

"참, 이곳에 다른 가게에선 맛볼 수 없는 스시가 있었지."

아즈미는 '항상 주문하는 초밥'을 한 개씩 주문했다.

처음에는 아귀 군함말이(밥을 김밥처럼 김으로 싸고 그 위에 아귀를 얹은 초밥. 모양이 군함과 비슷하다 해서 붙여진 이름이다—옮긴이)가

나왔다. 3분쯤 지나자 이번에는 한 번도 본 적 없는 스시가 고소한 향을 풍기며 등장했다.

"이건 푸아그라야. 화롯불에 겉만 살짝 익혀서 만들어. 그만큼 손이 많이 가는 메뉴지."

아즈미는 다른 손님에게 들리지 않도록 나지막한 목소리로 이야기했다.

"아귀 군함말이는 한 개에 400엔이고 푸아그라 스시는 1,000엔이야. 원가는 아귀가 200엔, 푸아그라는 500엔. 아귀는 1주일 치를 1만 8,000엔에 매입해. 푸아그라는 프랑스 보르도에서 3개월분을 48만 엔에 들여오지. 그래서 언제나 재고량이 많아. 그럼 여기서 질문을 하나 하지. 하루 매출이 아귀가 30개, 푸아그라가 15개라고 할 경우에 한계이익률은 각각 얼마가 되지?"

"둘 다 50%입니다."

히카리는 망설이지 않고 대답했다.

"그러면 1개월의 한계이익은 얼마인가?"

"매출액에 한계이익률을 곱하면, 아귀가 18만 엔(400엔×30개×30일×50%)이고 푸아그라는 22만 5,000엔(1,000엔×15개×30일×50%)이죠."

"정답. 그러면 둘 중 어느 것이 더 이익을 가져다줄까?"

"한계이익이 많은 푸아그라요."

히카리가 대답했다.

"자, 그럼 이 가게 주인장한테 직접 정답을 듣도록 하지. 뭐가 더 이익이 많이 나죠?"

아즈미가 큰 소리로 물었다. 그러자 주인이 다른 손님 귀에 들리지 않도록 작게 말했다.

"그야 아귀죠. 푸아그라는 매입할 때 돈이 많이 들어서 이익이 별로 없어요."

'뭐야, 푸아그라의 한계이익률이 더 큰데 이익이 나지 않는다고?'

"히카리, 자네 생각은 어떤가?"

"관리회계에서 배운 대로 생각하면 참 이상한 이야기예요. 한계이익이 적은 아귀가 더 이익이 나다니 이론과는 정반대의 답이네요."

"정말 그럴까?"

아즈미는 히카리가 아예 생각지도 못한 이야기를 하기 시작했다.

"아마 이노키 군에게 물어도 자네와 똑같은 대답을 하겠지. 하지만 사실은 그렇지 않아. 아귀와 푸아그라의 한계이익률③은 동일한데 한계이익⑥은 푸아그라가 더 크지. 그런데 이익

아귀와 푸아그라 중 무엇이 더 돈을 많이 버는가?

	아귀	푸아그라
판매가(단품) ①	400엔	1,000엔
원가(단품) ②	200엔	500엔
한계이익률 ③ (= ② ÷ ①)	0.5	0.5
매출 수량(1일)	30개	15개
매출 수량(1개월) ④	900개	450개
매출액 ⑤ (= ① × ④)	360,000엔	450,000엔
한계이익 ⑥ (= ⑤ × ③)	180,000엔	225,000엔
재고 금액 ⑦	18,000엔	480,000엔
재고 회전속도 ⑧ (= ⑤ ÷ ⑦)	20.00회	0.94회
잠재 이익 ⑨ (= ③ × ⑧)	10.00	0.47

은 아귀가 더 많아."

히카리는 그 사실을 바로 받아들일 수 없었다.

"방금 전에 주인장이 말한 것과 동일하지? 푸아그라는 사들일 때 돈이 많이 들어. 재고를 3개월분이나 재놓으니 말이야. 하지만 아귀는 1주일분의 재고만 있으면 되지."

이렇게 말하고서 아즈미는 공책에 어떤 식을 썼다. 한계이익을 재고 금액으로 나눈 아주 단순한 식이었다.

$$\text{잠재 이익} = \text{한계이익} \div \text{재고 금액}$$

"이게 바로 마법의 식이야. 잠재 이익(PP, Profit Potential, ⑨)은 현금을 벌어들이는 힘을 나타내는 지표지."

히카리는 그 식이 무엇을 표현한 것인지 전혀 알 수 없었다.

"자네가 공부한 고등수학에 비하면 엄청나게 단순한 식이야. 초등학생도 이해할 수 있을 것 같지? 하지만 이렇게 고치면 초등학생은 모를걸?"

아즈미는 처음에 쓴 식을 다르게 풀어 썼다. 그런데 그 식은 분모와 분자에 매출액을 추가했을 뿐이었다.

"자네가 보기엔 무척 간단한 변형 식이겠지. 하지만 이 식이 무엇을 의미하는지 물으면 대답할 수 있겠나?"

아즈미는 이렇게 말하고 술을 따랐다.

히카리는 공책에 적힌 식을 찬찬히 살펴보았다. 잠재 이익은 아귀와 푸아그라의 한계이익을 각각 재고 금액으로 나눈 값이다. 이 식은 한계이익률과 재고 회전 속도로 분해할 수 있다.

말할 것도 없이 한계이익률은 매출이 만드는 한계이익(부가가치)의 비율을 말한다. 이 값이 큰 상품일수록 부가가치를 창출하는 능력이 크다는 뜻이다.

한편, 재고 회전 속도는 재고 금액이 일정 기간(이를테면 1개월 또는 1일) 동안 몇 번 회전했는지 나타내는 값이다. 재고가 들어오고 나가는 속도를 표시한 것이라고도 할 수 있다.

그런데 한계이익률과 재고 회전 속도를 곱해서 나온 잠재 이익은 대체 무엇을 의미할까?

"아귀와 푸아그라를 비교해보지. 잠재 이익은 푸아그라가 0.47인데 아귀는 10이야(152쪽 참고). 한계이익률이 동일하니까 잠재 이익이 다른 이유는 재고 회전 속도에서 기인하지. 이 가게에서는 아귀의 재고는 1주일분만 있으면 되지만 푸아그라는 무려 3개월분을 쌓아둬야 해. 다시 말하면 회전 속도가 느릴수록 현금이 아무 일도 하지 않고 놀고 있다는 뜻이야."

'현금이 놀고 있다니 이건 또 무슨 말인가?'

그런 히카리의 마음을 들여다보기라도 한 듯 아즈미는 이어

잠재 이익을 계산하는 식

잠재 이익(PP) = 한계이익 ÷ 재고 금액

$$잠재 이익(PP) = \frac{한계이익}{재고\ 금액}$$

$$= \frac{한계이익}{매출액} \times \frac{매출액}{재고\ 금액}$$

$$= \boxed{한계이익률} \times \boxed{\begin{array}{c}재고 \\ 회전\ 속도\end{array}}$$

③   ⑧

서 설명했다.

"현금이 재고로 형태를 바꾼 채 꼼짝도 하지 않는다는 뜻이지. 재고는 팔렸을 때 비로소 현금이 되네. 많은 재고를 끌어안고 있어서는 돈이 아무리 많아도 부족해."

"그렇군요! 재고 회전 속도를 빠르게 하면 되는 거네요."

"정답이야. 재고는 돈이 일시적으로 그 모습을 바꾼 거야. 재고 회전 속도가 빨라지면 그만큼 돈이 빨리 회전하는 셈이니 적은 돈으로도 사업을 할 수 있지. 그리고 또 하나 중요한 점은 한계이익률이 높을수록 적은 현금으로 돈을 더 많이 증가시킬 수 있어. 다시 말해 이 두 가지 요소를 곱한 잠재 이익이 높은 상품일수록 돈을 버는 능력이 크다는 소리지."

아즈미는 이번에는 그래프를 그렸다.

"이건 잠재 이익을 그래프로 나타낸 것이야. 세로축이 한계이익률, 가로축이 재고 회전 속도야. 이 그래프를 보면 상품 A와 상품 B의 한계이익률(A는 0.4, B는 0.2)과 재고 회전 속도(A는 1.25, B는 2.5)는 다르지만 잠재 이익은 똑같이 0.5야. 한계이익률과 재고 회전 속도를 곱한 값이 0.5가 나오는 점들을 쭉 이어 보면 반비례 곡선(PP1)이 나오지. 한편 상품 C는 한계이익률은 상품 A와 같지만 재고 회전 속도(2.25)가 달라서 잠재 이익이 0.9야. 이것도 마찬가지로 잠재 이익이 0.9가 나오는 점들을 쭉

잠재 이익 그래프

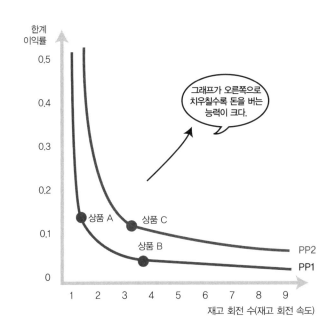

잠재 이익이 0.5인 경우	
한계이익률×재고 회전 속도	
0.5	1
0.4	1.25
0.3	1.66
0.2	2.5
0.1	5

← 상품 A (0.4 / 1.25)
← 상품 B (0.2 / 2.5)

잠재 이익이 0.9인 경우	
한계이익률×재고 회전 속도	
0.5	1.8
0.4	2.25
0.3	3
0.2	4.5
0.1	9

← 상품 C (0.4 / 2.25)

이어보면 반비례 곡선(PP2)이 나오는데 이 그래프는 PP1보다 오른쪽으로 치우쳐 있지. 같은 곡선인 PP1상에 있는 상품 A와 상품 B가 이익을 내는 능력은 똑같이 0.5야. 하지만 PP2상에 있는 상품 C의 이익을 내는 능력은 0.9로, 상품 A와 B보다 훨씬 크지. 이처럼 잠재 이익을 계산하면 어느 상품이 이익을 내는 능력이 큰지 한눈에 알 수 있네."

잠재 이익 그래프를 뚫어져라 보고 있던 히카리의 마음속에 어떤 생각이 번뜩였다.

'잠재 이익이 높은 상품을 찾아내서 그걸 집중적으로 판매하면 되겠구나!'

오늘의 수업 정리

"그럼 오늘 수업한 내용을 정리해볼까?"

아즈미는 공책에 새로운 그림을 그렸다.

"먼저 고객 관점에 입각해서 생각할 것. 자네들은 어떤 메뉴가 틀림없이 고객을 만족시킬 거라고 믿어 의심치 않는 경향이 있지. 하지만 그렇게 생각하지 말고 로미즈에서 식사하지 않을 선택권을 가진 고객의 입장에서 생각해야 해."

히카리는 잠자코 고개를 끄덕였다.

"그다음은 내부 프로세스 관점. 이것도 고객의 입장을 잊어서는 안 되네. 항상 고객이 만족하는 제품과 서비스를 지속적으로 제공해야 해. 또 하나는 생산성 향상이야. 다시 말해 모든 업무 활동에서 혁신을 일으켜야 해. 수율을 높이는 데 성공하면 재료비(변동비)가 감소해서 한계이익이 증가하지. 예산관리를 해서 경비를 낭비하지 않고 업무 방식을 개선하면 지금보다 적은 고정비로 업무를 할 수 있을 거야."

"그렇지만 필요한 고정비까지 삭감하면 안 된다는 거죠?"

"그렇지. 손님이 있는데 조명이나 에어컨을 꺼서 전기료를 아끼려는 행동 같은 걸 해선 안 돼. 또 고정비를 관리하는 데는 가동률이라는 중요한 요소가 있었지? 가동률을 높여서 생산량을 증가시키면 메뉴의 개당 고정비를 낮출 수 있어."

아즈미는 설명을 이어갔다.

"그리고 재고 회전 속도. 이 속도를 높이면 적은 돈(자금)으로도 사업을 할 수 있어. 아귀 군함말이가 어떻게 이익을 더 많이 내는지 잊지 말게."

아즈미는 갑자기 생각이 난 듯 손목시계를 보았다.

"이런, 벌써 이렇게 됐네. 오늘 가르쳐준 내용을 다시 한 번 정리해봐. 절대로 혼자서 아등바등하면 안 돼. 혼자서는 이노베이

고객과 내부 프로세스 관점에서 재무적 관점으로

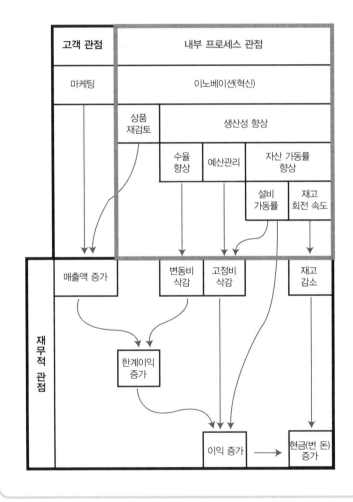

션을 일으킬 수 없어. 믿을 만한 동료들과 지혜를 모으면 자연히 길이 보일 거야. 그러면 자네들의 소망이 현실로 나타나겠지."

아즈미는 자리에서 일어났다.

"난 클라이언트와 회의가 있어서 먼저 가보겠네."

그 말을 마지막으로 아즈미는 스시집을 떠났다.

주방이 보물 창고였다

다음 날 히카리는 센노하타점에 출근하자마자 맨 먼저 주방으로 가서 준코에게 아즈미가 가르쳐준 내용을 전달했다.

"상품 재검토, 수율 향상, 설비 가동률 향상, 그리고 재고 회전 속도. 음, 듣기만 해도 골치 아플 것 같은데."

말은 이렇게 해도 준코의 표정은 오히려 밝았다.

"혹시 생각나는 점 있나요?"

"잠깐 이리 와봐."

준코는 히카리를 대형 냉장고 앞으로 데려갔다.

"재고 회전 속도란 건 이런 거겠지?"

준코가 냉장고 문을 열었다. 냉장고는 채소, 우유, 달걀, 치즈, 조미료, 해동한 고기 등 각종 식재료로 꽉 차 있었다. 그 옆에 있는 냉동고에도 꽝꽝 얼린 고기와 히카리로서는 짐작도 가지 않는 식재료가 넘쳐났다.

"이게 뭔지 알겠어?"

준코는 얼어 있는 짙은 색의 고깃덩이를 가리켰다.

"음, 푸아그라인가요?"

닛포리의 스시집에서 아즈미가 먹었던 푸아그라와 비슷해 보였다.

"맞아. 강제로 모이를 먹여서 살찌운 거위나 오리의 간이야. 엄청나게 비싸지. 예전에 경영기획실장님이 프랑스에 가서 대량으로 매입했대. 그래서 우리 점포도 본부에서 할당한 양을 받아야 했어."

"왜 그런 걸 그렇게 많이 샀을까요?"

"당시에는 로미즈의 이미지를 높이기 위해서라나? 하지만 우리 점포를 찾는 손님들 중 몇 명이나 비싼 돈을 내고 푸아그라를 먹겠어? 그래서 결국 사용하지도 못하고 이런 신세가 되고 말았지. 더구나 얼마 안 있으면 유통기간이 다 돼서 버려야 해."

히카리는 쓰레기 신세가 될 고급 식재료를 앞에 두고 할 말을 잃었다.

"히카리, 이건 약과야. 더 엄청난 걸 보여줄게."

준코가 히카리를 데려간 곳은 놀랍게도 쓰레기장이었다. 거대한 파란색 플라스틱 쓰레기통들이 한 줄로 늘어서 있는 그곳에서는 악취가 풍겼다. 준코는 쓰레기통을 열었다. 용기째 그대로 버려진 고기와 햄버그스테이크, 상한 채소와 팔다 남은 엄청난 샐러드가 아무렇게나 쑤셔 넣어져 있었다. 이렇게 식재료를 함부로 버리니 재료비가 줄지 않는 것이 당연했다.

"이게 수율을 떨어뜨리는 주범이겠지?"

준코는 한숨을 쉬고는 말을 이었다.

"이노베이션의 또 다른 과제가 가동률 향상이랬지?"

준코는 거대한 난로 모양의 피자 화덕 앞으로 걸어갔다.

"이거 이탈리아제래. 예전에 일했던 주방장이 그랬어."

"비싸겠네요."

"몇백만 엔이나 하나 봐. 하지만 하루에 고작 네 시간밖에 사용하지 않아. 심지어 이 화덕으로 구울 수 있는 피자는 몇 장밖에 안 되는 데다 굽는 데 15분이나 걸려. 피자가 이익을 낸다고? 난 도저히 믿을 수 없는데."

준코의 이야기를 들으면서 히카리는 오히려 주방은 보물 창고일지도 모르겠다는 생각을 했다.

제8장

비용 절감
vs
가격 인상

October

3월 4월 5월 6월 7월 8월 9월 10월 11월 12~1월

| 10월 |
October

로미즈 사장실에서

"센노하타점은 대체 언제쯤 흑자가 난단 말인가?"

사장인 마치무라 신스케는 짜증을 감추지 않았다.

"죄송합니다. 벌써 예전에 대책을 세워서 지시를 내렸지만 종업원들의 위기의식이 아직 부족한 듯합니다."

이노키는 굽실굽실 머리를 숙였다.

"시간이 없어. 내년 1월에 카퍼즈가 들어선다는 소문이 돌고 있어. 그 전에 손을 쓰지 않으면 우린 큰일이야."

마치무라는 이노키에게 압박을 가했다.

"조금만 더 기다려주십시오."

이노키가 마치무라와 만날 때마다 하는 말이었다.

"이제 자네 변명은 듣기 싫어. 자네, 면접 때 나한테 로미즈를 반드시 다시 일으키겠다고 호언장담하지 않았나. 그러면서 점포 이미지를 향상시킨답시고 푸아그라와 와인을 대량으로 매입하고 점포를 리모델링하느라 많은 돈을 썼어. 그때 진 빚이 회사 경영의 족쇄가 된 것을 설마 잊진 않았겠지? 자네를 채용한 게 내 실수였는지도 몰라."

마치무라는 냉정하게 내뱉었다.

"실적을 개선하려면 원래 시간이 걸리기 마련입니다. 앞으로 두세 달만 더 기다려주십시오."

이노키는 머리를 깊이 조아리며 사정했지만 사실 실적을 개선할 자신이 전혀 없었다. 머지않아 돈줄이 막혀 도산하는 건 아닐까 내심 불안해서 미칠 지경이었다.

마치무라가 가라앉은 목소리로 다시 이야기를 꺼냈다.

"어제 분쿄은행의 다카다 지점장에게 불려 갔네. 대출을 연장해주는 대신 조건을 내세우더군."

올 것이 왔구나! 이노키의 머릿속이 하얗게 됐다.

"조건이라면?"

"연내에 센노하타점의 월별 재무제표를 흑자화할 것. 그리고 내년에 카퍼즈가 들어선다면 카퍼즈 개점 당일에 센노하타점의 테이블을 모두 채울 것. 둘 중 하나라도 충족하지 못하면 추가 대출은 없다고 하더군. 그렇게 되면 센노하타점을 매각해서 운전자금을 마련할 수밖에 없어."

마치무라는 마지막으로 이렇게 덧붙였다.

"자네에게 남은 시간은 자네가 생각하는 것보다 짧을지도 몰라."

해결되지 않은 과제

어느새 10월하고도 중순이 지났다.

히카리는 주방에서 일하는 준코와 홀 담당인 마나미의 힘을 빌려 센노하타점의 실적 향상을 위해 고군분투했다.

점장인 미츠즈카는 완전히 의욕을 잃었는지 출근을 하긴 했지만 전혀 협조적이지 않았다. 하지만 점포 분위기는 나쁘지 않았고 어느 정도 성과도 나타났다. 그래도 아직 적자를 대폭 줄이기에는 역부족이었다.

아즈미의 조언을 토대로 여러 가지 방법을 동원해봤지만 몇 가지 과제가 여전히 해결되지 않은 채 남아 있었다. 히카리는 공책에 남은 과제를 적었다.

① 계절 메뉴

점포에서 자체 개발한 계절 메뉴가 실패한 원인은 식재료를 줄여서 한계이익률을 높였기 때문이다. 차라리 고객층을 가족과 주부로 좁히고 이 메뉴를 미끼용이라고 생각하면 어떨까? 즉 적자가 나는 것을 감수하고 고급 요리로 재설정해 판매한다.

② 안닌도후

안닌도후는 한계이익률은 낮지만 인기 메뉴이므로 고객 관점에서 본다면 한정 판매를 하지 않는 것이 바람직하다.

③ 샐러드바

샐러드바가 적자인 이유는 팔다 남은 샐러드가 많기 때문이다. 채소의 종류와 양을 줄여서 남김없이 판매해 수율을 높인다.

④ 수제 피자

피자를 굽는 화덕 가동률이 지나치게 낮다. 피자의 고객층은 점심 시간과 밤의 네 시간에 집중돼 주문을 많이 받아도 한 번에 몇 장 밖에 굽지 못한다. 그러므로 피자 토핑을 늘려서 단가를 올려 한계이익률을 끌어 올린다.

①과 ②는 고객 관점에서, ③과 ④는 내부 프로세스 관점에서 접근한 방법이었다.

'더 이상 생각해도 답이 나오지 않을 것 같으니까 아즈미 교수님에게 여쭤봐야겠다.'

히카리는 아즈미에게 연락했다.

중식당에서 배운 내용

아즈미는 이번에는 아카사카에 있는 좀 독특한 이름의 중식당을 골랐다.

히카리는 종업원이 안내한 방으로 들어가 아즈미가 오기를 목이 빠져라 기다렸다. 약속 시간이 몇 분 지나고 아즈미가 손수건으로 땀을 닦으며 나타났다. 아즈미는 화사한 색상의 다운 코트를 벗으며 "늦어서 미안" 하고 의자에 앉았다.

"차가운 일본 생맥주나 한잔할까?"

아즈미는 주문을 한 다음 히카리에게 이렇게 물었다.

"히카리, 점포 실적은 어떻게 됐지?"

히카리는 점포 분위기는 좋아졌지만 매출이 늘지 않아서 여전히 적자 상태며 그래도 해결해야 할 과제는 분명해졌다고 보고했다. 히카리는 요점 정리를 한 공책을 아즈미에게 보였다.

히카리는 내심 자신이 있었다. 분명히 칭찬받을 거라고 기대하며 아즈미가 입을 열기를 기다렸다.

"자네는 이렇게 하면 로미즈가 되살아날 거라고 믿는 건가?"

"네?"

히카리는 예상치 못한 말에 당황했다.

"자네, 아무것도 배우지 못했군."

맥주가 나왔다. 아즈미는 맥주를 맛있게 꿀꺽꿀꺽 마시고 입가에 거품이 묻은 채로 이유를 설명하기 시작했다.

"첫째, 자네는 고객 만족이라는 말의 의미를 이해하지 못하고 있어. 둘째, 자네는 자네들이 파는 상품을 전혀 이해하지 못하고 있어. 또 하나, 자네는 자신의 능력을 과신하고 있네."

히카리는 어떻게 대답해야 할지 몰라 머뭇거렸다.

"히카리, 이제 본격적으로 머리를 써야 하니가 그 전에 준비운동을 좀 하라고."

아즈미는 이런 질문을 던졌다.

"비용을 50엔 줄이는 것과 판매 가격을 100엔 올리는 것 중 어느 쪽이 더 돈벌이가 될까?"

히카리는 망설이지 않고 대답했다.

"메뉴 가격에 상관없이 재료비를 50엔 절감하면 한계이익은 50엔 증가하고 판매가를 100엔 올리면 한계이익은 100엔 증가합니다. 즉 판매가를 100엔 올리는 것이 더 이익을 냅니다."

맥 빠질 정도로 단순한 질문이었다.

"맞아. 그러면 한계이익률은 어떻게 될까? 메뉴 가격을 1,000엔, 재료비율을 30%(300엔)라고 치고 계산해보게."

히카리는 직접 계산해봤다. 그런데 뜻밖의 결과가 나왔다.

재료비를 50엔 절감한 것이 한계이익률이 더 높았다.

즉 한계이익의 금액만 고려하면 판매가를 100엔 올리는 것이 돈을 더 많이 벌지만 한계이익률로 계산해보면 경비를 50엔 절감하는 것이 돈을 더 많이 버는 정반대 결과가 나오는 것이었다.

히카리는 혼란스러웠다. 그런 히카리에게 아즈미는 다시 문제를 냈다.

"두 상품의 매출액을 11만 엔이라고 할 때, 각각 판매 수량과 한계이익을 계산해보게."

히카리는 이번에도 재빨리 계산했다.

'아하, 그렇구나!'

히카리는 그제야 이해가 됐다. 판매 가격은 동일하지만 판매 수량이 다른 것이다.

판매 가격과 한계이익률만 생각하다 보면 몇 개가 팔렸는지 잊기 쉽다.

정말 중요한 것은 비용을 절감하거나 판매 가격을 인상하고 나서 상품이 몇 개나 팔렸는가 하는 점이다.

"경비 절감과 가격 인상은 둘 다 회사에 이익을 가져오지. 하지만 현실에서 이 둘은 회사 실적에 전혀 다른 영향을 끼쳐."

"네."

히카리는 크게 고개를 끄덕였다.

"일반적으로 메뉴 내용을 변경하지 않고 가격을 올리면 판매 수량이 감소해. 왜냐하면 손님은 자신이 낸 돈보다 더 큰 만족을 원하니까. 아무것도 변하지 않았는데 가격만 오르면 당연히 그 메뉴를 주문하지 않겠지."

"그렇군요."

"한편 쓸데없는 재료비나 기타 경비를 삭감하면 판매 수량에는 전혀 영향을 끼치지 않으면서 금세 좋은 효과를 볼 수 있지. 하지만 고객의 만족도를 떨어뜨리는 무리한 비용 절감 정책은 고객을 쫓아내는 행위야."

"줄여선 안 되는 비용 말씀이군요."

"그래. 센노하타점의 실적 개선에 착수하려면 그 대책이 매출을 증가시키는 고객 만족의 관점인지, 아니면 경비를 삭감하는 내부 프로세스 개선의 관점인지 잘 생각해서 결정해야 해."

손님이 원하는 것은?

히카리가 심각하게 생각에 잠기자 아즈미는 평소의 밝은 얼굴로 이런 질문을 던졌다.

"자네는 옷 사는 걸 좋아하나?"

"네."

"그럼 쇼핑을 하고 있다고 상상하면서 내 얘기를 들어보게."

히카리는 잠자코 고개를 끄덕였다.

"자네가 어떤 가게에 들어가서 구경 좀 할까 했는데 그때 점원이 다가와 '이 옷은 손님한테 잘 어울리니까 꼭 사셔야 해요'라고 말한다면 어떻게 하겠나?"

"다른 가게에 갈 것 같은데요. 그 옷을 살지 말지는 제가 정하는 거니까요."

"하지만 그 점원은 친절한 마음에서 그렇게 말했을 뿐이야.

자네한테 옷을 팔기 위해서 어울리지도 않는데 강요하려는 의도는 전혀 없었어. 최신 유행의 디자인에 좋은 천을 썼고 바느질도 잘 되어 있지. 게다가 가격도 싸. 그래서 점원은 그 옷을 사지 않으면 손해라고 진심으로 생각하는 거야. 점원의 말을 듣는 게 좋지 않을까?"

아즈미가 진지하게 말했다.

히카리는 패션과는 인연이 없는 아즈미가 조금 불쌍했다.

'옷을 사는 행위가 어떤 의미인지 전혀 모르시는구나.'

"교수님, 여자가 옷을 고르는 기준은 바느질 상태가 좋다거나 옷감이 좋다거나 최신 유행이라거나 그런 게 아니에요."

아즈미는 곤혹스러운 얼굴로 되물었다.

"여자 심리를 전혀 몰라서 말이야. 그럼 가르쳐주게. 자네는 어떤 기준으로 옷을 고르고 돈을 지불하지?"

"이 옷을 무슨 옷과 같이 입을 것인지, 아니면 이 옷을 입고 누구와 어디에 갈 것인지를 생각해요. 그리고 가격표를 보고 이 정도면 합리적인 가격이라는 생각이 들면 사는 거죠."

"그렇군. 그 가게의 옷을 살지 말지는 고객인 자네가 정한다, 이 말이지."

"당연하죠. 교수님은 정말 아무것도 모르시네요."

그러자 아즈미가 싱긋 웃으며 말했다.

"그런 자네가 로미즈에서 일하는 순간, 옷 가게 점원과 같은 발상을 하는군. 이 요리는 적자니까 많이 팔지 말자는 둥 한계 이익률을 높이기 위해 단가를 올리자는 둥. 말로는 고객 관점 이라고 하지만 경영과 회계적인 관점으로만 고객을 보는 거지. 고객 만족이란 자네가 옷을 살 때의 관점, 즉 손님의 관점에서 로미즈를 보는 거야."

히카리가 전혀 깨닫지 못했던 지적이었다. 사는 쪽과 파는 쪽은 가치관이 180도 다른 것이다.

"로미즈에 오는 손님이 그저 배를 채우기 위해서 또는 맛있는 요리를 먹기 위해서 온다고만 할 순 없어."

아즈미는 계속 말을 이었다.

"내 친구 중에 아들이 넷인 사람이 있는데 말이지. 종종 가족 끼리 지바에 있는 테마파크에 놀러 간다고 하더군. 왜 그런지 아나?"

"교수님 친구 분이 그 테마파크를 좋아하시나 보죠. 저도 테마파크 굉장히 좋아해요."

히카리가 대답했다.

그러나 아즈미는 고개를 저었다.

"그 친구는 테마파크에 있는 놀이 기구나 퍼레이드에는 전혀 관심이 없어. 하지만 아이들이 좋아하는 모습을 보는 게 그 친구의 행복인 거야. 자네가 일하는 점포에도 같은 말을 적용할 수 있지 않을까? 점포에서 파는 상품은 고객 만족 중 한 가지 요소에 지나지 않아."

아즈미는 전채로 나온 차슈를 입에 넣었다.

"손님이 왜 일부러 로미즈까지 와서 귀중한 시간과 돈을 쓰는가, 그 점을 파고들어봐. 자네들은 카퍼즈가 바로 옆에 문 여는 것을 두려워하는 모양인데 왜 그렇게 경계하는지 나로서는 이해할 수가 없네. 카퍼즈처럼 상품은 무조건 쌀수록 좋다고 생각하는 점포가 있는가 하면, 맛이 있으면 다소 비싸도 상품이 팔린다고 생각하는 점포도 있는 거야. 둘 다 상품을 중심에 둔 생각이지. 하지만 정작 손님은 그런 식으로 사물을 생각하지 않아. 손님의 입장에서 만족스러운 곳을 선택해서 귀중한 시간과 돈을 쓰는 거지."

사장의 고집

아즈미는 이야기를 계속했다.

"그리고 또 하나. 자네는 판매하는 상품에 대해 기본적인 것을 모르고 있네."

| 회계학 콘서트 ❹ 비용 절감

"무슨 말씀이세요. 전 벌써 반년이나 일해서 주방의 모습을 눈 감고도 그릴 수 있어요."

아즈미는 천천히 고개를 가로저었다.

"상품에는 우월한 상품과 열등한 상품이 있고, 각각 수명이 있어. 이는 회사 매출액과 이익을 좌우하는 아주 중요한 요소야. 그런데도 자네는 그 점을 한마디도 언급하지 않았어."

"사실 그런 점은 한 번도 생각한 적이 없네요."

히카리는 고개를 푹 숙이고 솔직하게 인정했다.

"그렇게 낙담하지 않아도 돼. 사실 관리회계는 이런 정보를 가르쳐주지 않거든. 하지만 자네가 센노하타점을 일으켜 세우고 싶다면 몰랐다는 말로 끝날 일은 아니지."

"교수님, 그게 뭔지 가르쳐주세요."

아즈미는 흐뭇한 얼굴로 고개를 끄덕이고는 사오싱주를 한 모금 마셨다.

"로미즈가 자랑하는 수제 피자를 생각해봐. 사장의 명령으로 모든 점포에 피자 화덕을 들여놓았다고 했지? 맛있는 피자를 합리적인 가격으로 팔면 틀림없이 잘 팔릴 것이다, 이런 생각이었겠지. 그런데 잘 팔리는 시간대는 하루에 점심시간과 밤의 네 시간뿐이었어. 하루 영업시간이 19시간이니 겨우 21%의 가동률이란 계산이 나와. 다시 말해 피자 화덕에 드는 유지비

(고정비)의 약 80%는 아무런 가치도 창출하지 않아. 낭비라는 뜻이지."

히카리는 잠자코 고개만 끄덕거렸다.

"더구나 수제 피자니까 도우를 만드는 데에도 손이 많이 가겠지. 굽는 시간도 걸리고. 피자 한 장당 한계이익은 다른 상품보다 분명히 높지만 조리비를 포함한 원가를 고려하면 이익이 적다는 건 계산해보지 않아도 답이 나오는 사실이야. 그 점을 사장이 모를 리가 없어. 그런데도 자신의 고집을 꺾을 생각이 없는 거야."

로미즈가 내세우는 수제 피자가 이익을 창출하지 않는다는 사실을 알면서도 사장의 고집 때문에 그만두려고 해도 그만둘 수도 없는 애물단지라는 뜻이다.

"피자 판매를 그만두면 화덕은 무용지물이 되겠지. 그럼 어떻게 해야 할까? 자네들이 생각해야 할 것은 이런 문제의 해결책이야."

히카리는 아즈미의 말에 온 신경을 집중했다.

"계절 메뉴는 또 어떤가? 처음에 생각한 전략은 의도적으로 한계이익률을 높이고 손님에게 적극적으로 계절 메뉴를 추천해서 점포 이익을 높이자는 것이었지. 하지만 손님은 바보가 아니었어. 당연히 매출도 늘지 않고 이익도 나지 않았지. 그래서 자네는 적자를 감수하고 고급 식재료를 사용한 메뉴로 고객을 끌어보자는 생각을 하게 됐고. 하지만 이미 적자인 점포가 적자인 상품을 판매해서 뭐 어쩌자는 건가?"

아즈미는 상품 판매에 있어 처음부터 적자를 감수하고 판매하는 것은 있을 수 없는 일이라고 힘주어 말했다. 그리고 이렇게 덧붙였다.

"기죽을 필요는 없어. 자네들의 아이디어에 따라 계절 메뉴가 황금 알을 낳는 거위로 변신할 가능성도 있으니까."

"이번엔 안닌도후를 살펴보지. 이 상품은 한계이익률은 낮지만 쉽게 만들 수 있고 인기가 있어. 자네는 안닌도후를 많이 팔면 한계이익이 증가할 것이라고 생각하지. 틀린 생각은 아니야. 하지만 한계이익만으로는 센노하타점을 재건할 엔진이 되지 않아. 여기서 중요한 것은 많은 현금을 창출하는 것이야. 즉 돈을 버는 능력을 키워야 해."

"혹시 잠재 이익(PP)을 말씀하시는 건가요?"

히카리는 지난번에 들은 아귀 이야기를 떠올렸다.

"바로 그렇지. 적은 재고를 고속 회전시켜서 잠재 이익을 향상시키는 거야."

이어 아즈미는 마지막으로 샐러드바에 대해 생각지도 못한 말을 꺼냈다.

"자네는 샐러드바의 채소를 변동비라고 생각하는 건가?"

"네? 샐러드바의 채소가 고정비인가요?"

"고정비가 되도록 지혜를 짜봐. 변동비로 놔두니까 계속 적자가 나는 거야."

학습과 성장 관점

요리를 남김없이 먹어치운 아즈미는 부른 배를 쓰다듬으며 말했다.

"이제 성과균형지표의 네 번째 관점을 강의할 시간이 됐군."

아즈미는 가방에서 종이를 한 장 꺼내 히카리에게 보여줬다. 그 종이에는 '전략 맵'이라는 제목이 쓰여 있었다.

"예전에도 말했지만 지휘자 혼자서는 성공적으로 연주할 수 없어. 그렇다고 무조건 연주자를 많이 데려다놓기만 한다고 해서 성공하는 것도 아니야. 연주자들이 작곡가와 지휘자의 의도를 이해하고 열심히 연습하지 않으면 관객을 만족시키는 연주를 할 수 없어. 회사도 마찬가지네. 나는 자네에게 재무적 관점, 고객 관점, 내부 프로세스 관점을 가르쳐줬어. 모두 센노하

로미즈 센노하타점을 재건하기 위한 전략 맵

재무적 관점	**[목표]** • 월 매출액 1,000만 엔 달성 • 한계이익률 70% • 고정비 600만 엔 이하		
고객 관점	**[정보 수집]** • 설문 조사 • 고객과 대화	**[기본]** • 요리의 맛 • 점포의 위생 • 합리성 • 음식이 나오는 데 걸리는 시간 • 고객 응대 태도	**[구체적인 대책]** • 맛의 재검토 • 청소, 위생 용품 보충 • 밥과 샐러드의 양 조절 • 조리 순서 • 고객의 이름 기억, 미소, 감사하는 마음
내부 프로세스 관점	상품 재검토	• 잠재 이익 향상	• 계절 메뉴 레시피 검토 • 안닌도후 판매 방식
	생산성 향상	• 재료 수율 향상 • 고정비 삭감 • 설비 가동률 향상 • 재고 감축과 회전 속도 향상	• 신중한 판매 예측을 통해 재료를 남김없 이 사용 • 중요 비용의 예산 관 리 • 피자 화덕 가동 시간 및 점포 영업시간 • 발주 빈도, 식재료 공통화, 재고관리
학습과 성장 관점	**[종업원의 정의]** 종업원은 비용이 아니 라 회사의 자산	**[개인 목표와 전체 목 표 일치]** • 인시 매출액 • 정확한 평가	• 종업원과의 회의 • 깨달은 점의 지식화 • 아이디어 축적 • 인센티브 지급

타점에 변혁을 일으키기 위해서지. 하지만 지금의 자네는 혼자서 변혁을 일으키려는 것처럼 보여. 그래서 아까 내가 자네는 자신의 능력을 과신하고 있다고 말한 거야."

아즈미는 자료 맨 아래에 쓰여 있는 '학습과 성장 관점' 부분을 가리켰다.

"네 번째는 학습과 성장 관점이야. 자네를 비롯한 모든 이가 세 가지 관점을 잘 이해하고 계속 배우면서 점포 전체의 능력을 향상시키지 않으면 실적을 두드러지게 개선하는 것은 불가능한 일이야."

히카리의 눈은 자료에 고정됐다. 거기에는 종업원은 회사의 자산이라고 적혀 있었다. 그리고 종업원과 회의, 깨달은 점을 지식으로 만들기, 아이디어 축적, 인센티브 지급 등 종업원의 능력을 끌어내는 방법이 나열돼 있었다.

'나는 내가 열심히 하면 뭔가 될 거라고만 생각했어. 하지만 그게 아니었어. 모든 이의 능력을 끌어내지 않으면 결국 우리 점포는 변하지 않을 거야.'

"실은 말이지."

아즈미는 갑자기 그답지 않게 차분한 표정으로 나직하게 말했다.

"어제 이노키 군에게서 15년 만에 전화가 왔다네."

"교수님에게 뭔가 도움을 요청했나요?"

"그러려고 했던 것일 수도 있지. 하지만 짧게 인사만 하고 끊었어."

'왜 전화했을까?'

히카리는 불안해졌다. 미츠즈카에게 들은 이야기로는 이노키 역시 사장의 압박에 시달리는 모양이던데.

"교수님이 뭔가 조언을 해주셨나요?"

아즈미는 잠자코 고개를 저었다.

"지금 이노키 군에게는 그 어떤 조언도 쓸모가 없을 거야. 직접 경험하지 않으면 이해할 수 없을 테니까."

왠지 아즈미는 서글퍼 보였다.

제9장

협업으로
극복한 위기

November

3월　4월　5월　6월　7월　8월　9월　10월　11월　12~1월

| 11월 |
November

로미즈 점장 회의

11월이 됐다. 긴급회의에 소집된 점장들은 마른침을 삼키며 사장이 오기를 기다렸다. 전화로 연락한 이노키 경영기획실장의 어조가 어딘지 모르게 이상했기 때문이다.

30분 늦게 사장과 이노키가 나타났다. 둘 사이에는 어색한 분위기가 감돌았다. 이노키가 먼저 입을 열었다.

"오늘 카퍼즈가 개점한다고 정식으로 발표했습니다. 내년 1월 15일에 영업을 시작한다고 합니다."

"그게 저희 점포 옆 건물이 맞습니까?"

미츠즈카가 가장 먼저 물었다.

"그렇다네. 그 회사는 몰상식한 짓을 하기로 유명해. 피자

50% 할인권을 뿌리는 건 아무것도 아니지. 남의 점포 앞에서 자기네가 만든 피자를 공짜로 나눠주는 일도 서슴지 않아. 정말 개념 없는 것들이야."

이노키의 얼굴이 일그러졌다.

"그럼 우리 회사는 어떤 대책을 세우고 있습니까?"

센노하타점 다음으로 적자가 큰 오모리점 점장인 사에키 가즈오가 물었다.

"대책 말인가? 카퍼즈는 막강한 자금력으로 탱크처럼 밀어붙이는 스타일이라고. 우리가 정면으로 맞서는 건 현실적으로 불가능하네. 폭풍이 지나가기를 기다리는 수밖에 없어. 지금은 계속해서 액션 플랜이나 차근차근 시행하도록 하게."

이렇게 말하는 이노키는 어딘지 부자연스러워 보였다. 다리는 후들후들 떨고 있고 이마에서는 땀이 분수처럼 솟아나고 있었다. 마음속 불안이 겉으로 드러난 것이다.

점장들의 반란

"그 액션 플랜이라는 거, 정말 믿을 수 있습니까?"

사에키는 이노키를 불신하는 마음이 컸다.

"자네들은 내가 만든 시나리오대로만 하면 돼."

이노키가 딱딱하게 굳은 목소리로 말했다. 여느 때라면 점장들은 이노키가 한 마디만 해도 꿀 먹은 벙어리가 됐을 것이다. 그러나 이날만큼은 달랐다.

"액션 플랜을 시행하기 시작했을 때는 아르바이트생의 인건비를 삭감한 만큼 적자가 감소했습니다. 하지만 그뿐이었어요. 다른 점장들한테도 물어봤는데 실적이 눈에 띄게 개선된 점포는 한 곳도 없었습니다. 오히려 손이 부족해서 판매가 점점 줄어드는 점포가 많았다고 하던데요. 오늘이야말로 분명히 말씀드리죠. 실장님이 들어오고 나서 로미즈가 이상해졌습니다."

사에키가 떨리는 목소리로 말했다.

"저도 그렇게 생각합니다."

센노하타점의 미츠즈카가 나지막한 목소리로 동의했다.

"우리 점포에서 열심히 일하는 사람은 아르바이트생들입니다. 솔직히 실장님은 하는 일이 아무것도 없지 않습니까!"

미츠즈카의 발언이 방아쇠가 돼 여기저기서 이노키를 비판하는 말이 튀어나왔다.

"현장에는 얼굴도 내밀지 않으면서 감 놔라 배 놔라 간섭만 하고 말입니다."

"손님을 빼앗길 걸 뻔히 알면서도 손 놓고 기다리기만 하라는 겁니까!"

그러자 이노키가 벌떡 일어나 고래고래 소리를 질렀다.

"이익이 나지 않는 건 자네들 잘못이야! 남 탓하지 말라고! 내가 없었다면 우리 회사의 실적은 지금보다 더 나빠졌을 거야. 나는 관리회계 전문가로서 도산하기 직전의 회사를 수없이 살렸어. 그런데도 내 말을 듣지 않겠다면 언제든지 그만둬주지. 그러면 곤란한 건 자네들이야."

'아차, 너무 심했나?'

이노키는 아차 싶은 표정으로 황급히 입을 다물었다.

"당신이 그만두기 전에 제가 먼저 그만두죠!"

오모리점 점장 사에키가 자리를 박차고 일어났다. 그러자 다른 점장들도 사에키의 뒤를 따랐다. 그대로 회의실에서 나가려는 사람들을 마치무라 사장이 소리 높여 불러 세웠다.

"모두 기다리게! 자네들 뜻은 잘 알았네. 자네들이 그만두면 우리 회사는 끝이야."

마치무라는 이노키를 노려보며 차갑게 말했다.

"모든 책임은 자네에게 있어."

이노키는 어깨를 축 늘어뜨리고 천장을 쳐다보았다. 그리고 모든 것을 체념한 듯 사장에게 말했다.

"알겠습니다. 제가 그만두지요."

이 말만 남기고 이노키는 회의실을 빠져나갔다.

🍴 실패한 액션 플랜

이노키가 로미즈를 떠난 지 2주일이 지났다. 카퍼즈가 문을 열기까지 두 달도 채 남지 않았다. 아카사카의 중식당에서 아즈미에게 배운 것을 관계자 모두와 하루빨리 공유해서 센노하타점에 혁신을 일으켜야 한다. 히카리는 이렇게 결심했다.

그날 사무실에는 미츠즈카를 비롯해 준코, 마나미, 사에코와 리카, 자신의 근무시간이 아닌데도 나온 아르바이트생들이 있었다.

커다란 고딕체로 '1월 15일을 향해'라고 쓴 화면이 스크린에 비쳤다.

히카리는 차분하게 이야기를 시작했다.

"내년 1월 15일이 우리 점포에 아주 중요한 날이라는 걸 여러분 모두 잘 아시죠?"

"카퍼즈 영업 개시일이지요?"

한 대학생이 대답했다.

"맞아요. 그리고 로미즈 센노하타점의 마지막이 될지도 모르는 날이죠."

"그 소문이 사실이었구나."

여기저기서 동요하는 사람들의 말소리가 들렸다.

"그렇게 되지 않도록 오늘 여러분에게 모이라고 한 거예요."

히카리는 심호흡을 크게 한 번 하고서 말을 이었다.

"저는 대학 실습 때문에 4월부터 이 점포에서 일하기 시작했어요. 솔직히 고백하자면 그때부터 이 점포가 심각한 상태라는 걸 알고 있었지요."

고등학생인 리카가 물었다.

"그래도 그만두지 않은 건 자신의 공부를 위해서였나요?"

"처음에는 리카의 말처럼 공부 때문이었어요. 하지만 차츰 마음이 변했어요. 이 점포와 여기서 일하는 사람들, 이 점포를 찾아오는 손님을 위해 뭔가 해야겠다고 말이죠."

"오늘 중요한 이야기를 하려는 거 아니에요? 서론은 이쯤에서 줄이고 어서 본론을 이야기해봐요."

준코가 재촉했다.

히카리는 준코에게 목례를 하고 노트북의 엔터키를 눌렀다. 그러자 화면에 큰 글씨로 수식이 하나 떠올랐다.

$$매출 - 비용 = 이익$$

"말할 것도 없이 매출은 손님이 식대로 지불한 돈을 합친 금액입니다. 손님 100명이 평균 1,000엔의 메뉴를 주문한다면 매출은 100명×1,000엔=10만 엔이 되지요."

히카리가 키를 누르자 '비용' 옆에 '변동비+고정비'라는 글씨가 추가됐다.

> **매출-비용(변동비+고정비)=이익**

"비용은 변동비인 재료비와 고정비로 나뉩니다. 재료비는 식재료를 사들인 돈을 말하고 고정비는 우리가 일하고 받는 아르바이트비, 이 점포의 임대료, 전기료, 수도료, 전화 요금, 냅킨이나 화장실에 비치되는 종이 타월 등을 말합니다."

히카리는 계속 설명했다.

"매출에서 비용을 빼면 이익이 남습니다. 매출보다 비용이 더 커지면 차액이 마이너스가 되는데 이게 바로 적자입니다. 점포를 운영해도 돈이 나가는 게 더 많은 상태죠. 센노하타점은 벌써 2년 이상 적자 상태였어요."

"뭐라고요?!"

누군가가 이렇게 소리 질렀다. 한쪽에서는 "망하지 않은 게 신통하네"라는 말소리도 들렸다.

"우리는 적자를 없애고 제대로 이익이 나게 만들어야 해요. 센노하타점을 지키려면 그런 수밖에 없어요. 그런데 이익을 내는 방법은 크게 세 가지로 나눌 수 있지요. 먼저 매출을 늘리는 것. 그다음에는 재료비를 줄이는 것. 마지막으로 고정비를 줄이는 것입니다. 6월부터 여러분이 지시받은 액션 플랜은 이 세 가지를 실행하기 위한 계획이었어요."

"하지만 잘 되지 않았지."

마나미가 말했다.

"그래요. 매출을 늘리려고 비싼 메뉴를 적극적으로 추천하거나 식사를 마친 손님을 빨리 돌아가게 하는 방법을 써봤지만 오히려 손님 수가 줄어서 매출이 떨어지고 말았죠."

"그 방법, 정말 별로였어."

사무실에 모인 사람들 사이에서 이런 말이 들려왔다.

"재료비를 줄이려고 밥과 샐러드 양을 줄이고 샐러드바와 드링크바 이용에 시간 제한을 두었죠. 그리고 고정비를 줄이기 위해서 에어컨 온도를 높게 설정하기도 했지만 하나같이 반응이 좋지 않았어요. 그 점은 고객 설문 조사 결과에서도 뚜렷이 나타났죠."

그때 사에코가 이렇게 질문했다.

"이익을 늘리려고 시작한 액션 플랜이잖아요. 그런데 왜 성

판매자의 관점에서 본 업무 개선책

✕ 식사를 마친 손님은 빨리 돌아가게 유도한다.　　✕ 비싼 메뉴를 적극적으로 추천한다.

고객 수 × 객단가
늘려야 해!　　올려야 해!

플러스면 흑자(매출＞비용)
마이너스면 적자(매출＜비용)

매출　－　비용　＝　이익
늘려야 해!　　줄여야 해!　　늘려야 해!

줄여야 해!　　줄여야 해!
변동비　＋　고정비

✕ 밥과 샐러드 양을 줄인다.
✕ 샐러드바와 드링크바 이용 시간을 런치타임과 디너타임으로 제한한다.

✕ 에어컨 온도를 높게 설정한다.
✕ 냅킨, 비누 등을 없앤다.
△ 아르바이트 인건비를 삭감한다.

공을 거두지 못했을까요?"

"그건 판매하는 쪽의 논리로 생각했기 때문이에요. 돈을 내는 고객의 관점에서 생각했어야 했는데 말이죠."

"무슨 말인지 잘 모르겠는데. 예를 들면 어떤 게 있지?"

마나미가 이해할 수 없다는 표정을 짓자 히카리는 이렇게 대답했다.

"우리는 새해에 카퍼즈가 우리 점포 옆에 들어선다는 소문에 동요하고 있어요. 카퍼즈에서 우리 점포보다 싼 가격으로 판매하면 우리 점포의 손님을 빼앗길 거라고 생각하기 때문이죠. 하지만 그거야말로 판매하는 쪽의 발상이에요. 손님은 가격이 싸다는 이유만으로 레스토랑을 선택하진 않을 거예요."

"맞아요. 어제 오신 할아버지만 봐도 그래요. 그 할아버지는 주스만 마셨지만 손자들이 음식과 디저트를 먹는 모습을 보며 엄청 좋아하셨어요."

리카가 약간 흥분된 어조로 이야기했다. 사에코도 거들었다.

"멋진 남자 친구랑 식사를 하다 보면 눈 깜짝할 새에 시간이 지나가요. 그럴 때는 음식 맛이 어땠는지 전혀 기억나지 않아요."

사에코의 말에 여기저기서 웃음소리가 들렸다. 히카리는 경직된 분위기가 조금 풀렸다고 생각했다.

"우리 점포에 오는 손님은 다른 곳에 가지 않고 우리 점포를 선택한 거예요. 왜 그런지 그 이유를 안다면 틀림없이 매출액이 증가할 거라는 생각이 들지 않나요?"

히카리의 질문에 모두들 고개를 끄덕였다.

"그걸 함께 생각하고 싶어서 오늘 여러분에게 모이라고 부탁한 거예요."

♦♦♦ 골칫덩이 피자 화덕을 활용하라

"오늘 여러분과 의논해서 결론을 낼 주제는 네 가지입니다. 첫 번째 주제는 피자를 어떻게 할 것인가입니다. 수제 피자는 로미즈의 명물이지만 사실 이익이 나지 않는 메뉴예요."

그러자 마나미는 석연치 않은 표정으로 물었다.

"점장님은 피자가 우리 점포에서 가장 이익이 높은 메뉴라고 줄곧 말씀하셨어. 하지만 히카리는 아니라고 단언하는군. 왜 그렇게 생각하지?"

"피자의 재료비가 싸게 먹히는 건 사실이에요. 하지만 피자는 굽는 데 15분이 걸려요. 게다가 화덕을 가동하는 시간은 하루 중 겨우 네 시간이죠. 한 번에 구울 수 있는 피자는 최대 다섯 장이니까 한 시간이면 20장, 네 시간이면 80장이 최대입니다. 이래서는 이익이 나지 않아요."

"아니, 왜 이익이 나지 않는다는 거야?"

미츠즈카가 자기도 모르게 되물었다.

"한계이익이 너무 작거든요. 수제 피자를 만들려면 피자 화덕을 이용하는 가스 요금, 수선비, 감가상각비(화덕을 샀을 때 치른 대금의 일부)에 피자를 굽는 사람의 인건비가 들어가요. 이 모든 금액을 계산해봤더니 한 달에 거의 42만 엔이나 든다는 결과가 나왔어요. 피자 화덕은 수제 피자를 만드는 것 말고는 쓰임새가 없기 때문에 이 42만 엔은 오롯이 피자를 판매해서 회수해야 합니다. 480엔의 피자를 하루에 최대 80장을 판다고 해도 하루 매출은 3만 8,400엔에 그칩니다. 하지만 실제로는 하루 평균 40장밖에 팔리지 않으니 하루 매출은 1만 9,200엔이고 월 매출은 58만 엔 정도가 되죠. 이 중 재료비가 거의 18만 엔이나 차지하니까 한계이익은 40만 엔이에요. 결국 한 달에 2만 엔 적자라는 이야기가 됩니다."

"피자는 한계이익률이 높아서 이익이 많이 나는 메뉴라고만 생각했는데 실상은 적자였단 말이야?"

미츠즈카는 히카리의 설명을 곧이곧대로 받아들일 수가 없었다.

"피자 화덕을 하루에 네 시간밖에 사용하지 않는 것이 문제입니다. 이 화덕을 다른 메뉴에도 사용하거나 아니면 차라리 피자 화덕을 치워버리거나….”

“그건 어려울 거야. 수제 피자는 어쨌든 간에 사장님이 지시한 특별 메뉴여서 우리 마음대로 없앨 수가 없어.”

미츠즈카가 말했다.

“피자를 굽지 않는 시간에 빵이나 카레에 곁들이는 난을 굽는 건 어떨까요?”

한 대학생이 이렇게 제안했다.

“글쎄….”

준코는 별로 내키지 않는 듯했다.

그때 히카리의 뇌리에 좋은 생각이 번개처럼 스쳤다.

“이건 어떨까요? 런치타임과 디너타임 사이에 피자 뷔페를 하는 거예요.”

“그러면 오히려 적자가 더 커지지 않을까?”

피자 담당인 준코가 걱정스러운 듯 되물었다.

“피자를 원래 레시피대로 몇 종류씩 공들여 만들면 그럴지도 모르죠. 하지만 피자 뷔페에 내놓는 피자는 그렇게까지 하지 않아도 될 것 같은데요. 이를테면 날마다 바뀌는 ‘오늘의 피자’를 한 종류씩 정하고 피자 도우는 미리 여유 있게 만들어두고 굽는 법을 매뉴얼로 적어두는 거예요. 그렇게 하면 준코 씨 말고 다른 사람도 피자를 구울 수 있어요."

"그런 방법이 있었구나. 역시 히카리야. 그럼 도우는 얇은 나폴리풍이 좋겠네. 도우 재료도 적게 들어가고. 당장 시험 삼아 만들어볼게."

♫♪ 적자지만 이익이 나는 계절 메뉴?

"두 번째 주제는 우리 점포의 오리지널 계절 메뉴입니다."

히카리는 계절 메뉴가 아이디어에 따라서 황금 알을 낳는 거위로 변신할 가능성이 있다는 아즈미의 말을 설명했다.

"카퍼즈의 그 어떤 메뉴에도 지지 않는 메뉴를 만들고 싶어요. 맛있고 로미즈다운 오리지널 메뉴 말이에요. 하지만 그 메뉴에는 이익이 나야 한다는 전제 조건이 따라붙습니다. 좋은 아이디어 없나요?"

준코가 재빨리 손을 들었다.

"모든 식재료에는 소비 기한이 있어서 그 기한을 넘기면 버려야 해. 얼마 전에 히카리에게 보여줬듯이 우리 냉장고와 냉동고에는 소비 기한이 다 돼가는 고급 식재료들이 잠들어 있지. 이걸 사용해서 요리를 만들면 어떨까?"

마나미가 물었다.

"어떤 식재료가 있지?"

"푸아그라, 캐비아, 에스파냐산 이베리코 돼지고기로 만든 생햄. 전부 본사에서 강제로 할당한 것들인데 쓸 일이 없어서 계속 방치돼 있었어."

모두 이노키가 매입한 재료다.

히카리가 입을 열었다.

"식재료의 원가가 높긴 하지만 매입 대금은 이미 모두 지급한 상태죠. 즉 새로 돈을 지급하지 않아도 되고 지금 있는 재고를 다 토해내면 그만큼 현금이 들어온다는 말이군요. 그거 좋은 생각이네요!"

버리는 식재료를 없애야

"준코 씨, 소비 기한이 지나서 버리는 재료는 냉장고 속 고급 식재료뿐만이 아니죠?"

"채소나 생고기도 있고 어떤 때는 안닌도후나 가공품인 햄버그스테이크를 버릴 때도 있어. 너무 많이 산 거지."

재료비를 줄이려면 요리에 사용하는 양을 줄이기보다는 사용하지 않고 버리는 양을 줄이는 것이 더 효과적이다. 히카리는 쓰레기통에 산더미처럼 쌓여 있던 재료를 보고 그렇게 깨달았다.

하지만 왜 그렇게 버릴 정도로 식재료를 사들였을까? 히카리는 준코에게 그 점을 물어보았다.

"그건 말이지, 점장님이 판매량을 너무 낙관적으로 예상하셔서 그래."

로미즈는 다음 주의 상품별 판매량을 예측해서 상품부에 발주를 넣는다. 물론 예측이 어긋날 때도 많으니 발주 이틀 전까지 수정을 할 수 있다. 그런데 미츠즈카가 그 일을 게을리했다는 말이 된다.

"그런 건가요, 점장님?"

히카리가 이렇게 묻자 구석에서 이야기를 듣기만 하던 미츠즈카가 날카로운 목소리로 대답했다.

"이틀 전에 수정한다고 해도 정확하게 예측할 수 없는데 어떡하라고…."

"그런 생각이 필요 이상의 재고를 만들어서 결국 식재료를 버리는 결과를 낳은 게 아닐까요?"

준코의 말에 미츠즈카가 울컥해서는 이렇게 쏘아붙였다.

"그럼 자네가 내 대신 해보지그래?"

"좋아요."

"준코 씨, 할 수 있겠어요?"

히카리가 당황해서 끼어들었지만 준코는 침착하게 말했다.

"물론이야. 주방에서 요리하다 보면 뭐가 얼마나 팔리고 있는지 알 수 있거든."

샐러드바를 고정비로

"식재료 이야기가 나왔으니 이어서 샐러드바에 대해 이야기할게요."

히카리는 아즈미의 조언이 머리에서 떠나지 않았다.

'어떻게 하면 샐러드바의 채소를 고정비로 만들 수 있을까?'

"샐러드바는 1인당 480엔이고 단품으로 판매하는 그린샐러드의 표준 재료비는 일인당 90엔입니다. 다시 말해 손님 한 명이 5인분을 먹어치워도 30엔 흑자라는 말이죠. 그런데 샐러드바는 적자예요. 여러분, 화면을 봐주세요."

화면에 주방의 모습이 떠올랐다. 소비 기간이 지난 마카로니와 햄, 플라스틱 쓰레기통에 버려진 엄청난 양의 채소 샐러드도 보였다.

"이건 준코 씨가 우리 점포에서 찍은 사진이에요. 마카로니도 햄도 채소도 샐러드바에서 팔다 남은 재료입니다. 팔다 남은 재료는 버리는 게 회사 규정이죠. 이렇게 버려지는 재료도 모두 샐러드바의 재료비로 계산됩니다."

"아유, 아까워라…."

여기저기서 한숨 소리가 터져 나왔다.

마나미가 입을 열었다.

"애초에 말이지, 버릴 정도로 샐러드 재료를 재둘 필요는 없는 거잖아. 이것도 점장님이 원인인 것 같은데?"

이어 마나미는 그 이유를 설명했다.

"다들 점장님이 샐러드바의 채소를 어떻게 보충하시는지 본 적 있지? 대체로 30분 간격으로 로비에 와서 비어가는 채소가 있으면 손님이 있건 없건 보충하는 방식이야. 그래서 이 사진처럼 버리는 채소가 생기는 거야."

미츠즈카가 벌겋게 달아오른 얼굴로 변명하기 시작했다.

"그건 오해야. 난 손님이 올 것을 고려해가면서 보충하라는 지시를 내리고 있다고."

"그럴까요? 저 사진을 보면 답이 확실히 나오는데요?"

마나미가 확인 사살을 하자 미츠즈카는 어깨를 축 늘어뜨리고 입을 다물었다.

"맞다!"

히카리의 머릿속을 가득 채웠던 의문이 눈 녹듯이 풀렸다.

"이렇게 하면 샐러드바의 재료비를 고정비로 만들 수 있어!"

히카리는 막 떠오른 아이디어를 이야기했다.

"손님의 예상 인원수에 맞춰 샐러드바에서 사용하는 재료비 예산을 미리 정해두면 어떨까요? 이를테면 샐러드바가 1인분에 480엔이고 하루에 1,000명이 이용한다고 치면 매출액은 4만 8,000엔이죠. 재료비를 매출액의 30%로 정해두면 그날 매입하는 재료비는 1만 4,400엔이에요. 이렇게 하면 그냥 버리는 재료가 틀림없이 줄어들 거예요."

"미리 상한선을 정해두자는 거야?"

마나미가 히카리의 말뜻을 확인했다.

"네, 그래요. 예산 범위 내에서 가급적 다양한 종류의 채소를 샐러드바에 내놓는 거예요. 양은 좀 적게 하고요. 샐러드바의 그릇이 비어도 예산을 초과했을 때는 보충하지 않습니다. 품절이죠. 미리 정한 예산인 1만 4,400엔을 단가 480엔으로 나누면 30명이 나와요. 30명이 샐러드바를 이용했을 때 재료비를 건졌다는 걸 확인할 수 있어요."

"그렇구나. 샐러드의 예산을 미리 정함으로써 변동비였던 재료비를 고정비로 만들 수 있겠군. 미처 몰랐어."

미츠즈카가 작게 중얼거렸다. 그 말을 들은 히카리는 마음속으로 '바로 그거예요!' 라고 외치며 승리의 브이를 그렸다.

준코가 입을 열었다.

"런치타임과 디너타임을 제외한 오전, 오후 시간에 피자와 샐러드바와 드링크바를 세트로 묶어서 얼마, 이런 식으로 파는 건 어때? 설문 조사에서도 나왔지만 오전, 오후 시간대에는 수다를 떨거나 공부를 할 목적으로 우리 점포를 이용하는 손님이 많아. 오래 눌러앉으면 안 된다고만 생각했는데 그 손님들이 와서 이익이 난다면 많이 올수록 좋겠지."

"1인당 980엔에 피자와 샐러드와 드링크를 무한정 먹을 수 있다? 이거 먹힐 것 같은데요!"

재고는 필요한 만큼만

"여러분의 의견을 듣고 싶은 게 또 하나 있어요."

히카리는 아즈미에게 배운 아귀와 푸아그라 이야기를 들려준 다음 안닌도후를 어떤 식으로 판매하면 좋을지 의견을 물었다. 가장 먼저 대답한 사람은 미츠즈카였다.

"가공품인 안닌도후는 매입액(재료비)이 높아서 한계이익률이 낮기 때문에 이익이 나지 않는다고 생각했어. 하지만 이미 조리된 음식을 사들여서 홀에 내놓는 거니까 손이 가지 않고 유통기한도 길어. 그러니 안닌도후는 한꺼번에 많이 사들여서 많이 팔면 이익이 증가하지 않을까?"

모두 미츠즈카의 의견에 찬성하는 모습이었다. 하지만 히카리만은 고개를 저었다.

"재고를 많이 가져가면 현금 흐름이 악화돼요. 예를 들면 100만 엔분의 재고를 10일간 가지고 갈 경우, 그동안 100만 엔은 아무것도 하지 않고 묶여 있는 상태가 되지요. 하지만 하루에 10만 엔씩 매입해서 그날 재고를 다 처분한다면 90만 엔을 다른 용도로 쓸 수 있어요."

"아하, 그거 일리 있는 생각이네."

미츠즈카는 히카리의 의견에 감탄하며 고개를 끄덕였다.

"그러니 여태껏 해온 방식대로 한꺼번에 많이 매입하지 말고 재고가 바닥나지 않을 만큼만 조금씩 매입하는 게 좋을 것 같아요. 재고는 현금의 또 다른 형태니까 재고 회전 속도가 빨라지면 그만큼 현금 흐름도 빨라져서 센노하타점의 자금 흐름이 개선될 거예요."

"이익이 증가하는 것만으로는 로미즈의 자금 흐름이 좋아지지 않는다는 말이야?"

미츠즈카가 확인하려는 듯 물었다.

"네, 맞아요. 돈을 많이 벌려면 이익은 물론이고 재고 회전 속도를 높여야 해요."

마지막으로 준코가 이렇게 이야기를 정리했다.

"나는 어려운 용어는 잘 모르지만 요컨대 재료 낭비를 없애고 필요한 재고만 가져간다. 그렇게 하면 현금에 여유가 생겨서 로미즈는 다시 소생할 수도 있다. 이런 말이지?"

히카리는 고개를 크게 끄덕였다.

"우리 모두 힘내요! 카퍼즈 따위한테 지지 맙시다!"

환성이 터져 나왔다. 히카리는 센노하타점에 와서 처음으로 가슴이 벅차올랐다.

제10장

사람이
기적을 만든다

December~January

3월   4월   5월   6월   7월   8월   9월   10월   11월   12~1월

|12~1월|
December
~
January

되살아난 로미즈

연말연시가 되면서 로미즈 센노하타점은 그때까지 차곡차곡 쌓아온 노력을 마침내 꽃피웠다. 점포 분위기가 몰라보게 밝아진 것이다.

"마유미, 안녕. 또 찾아줘서 고마워!"

"캐비아 스파게티 다 팔린 거야? 아쉽네."

홀 여기저기서 종업원과 가족 단위로 온 손님들이 마치 오랜 친구처럼 대화하는 모습이 보였다. 악성 재고였던 고급 식재료는 하루 30개 한정품인 캐비아 스파게티와 푸아그라 덮밥으로 변신해 눈 깜짝할 새 동이 났다. 실속 있는 이 두 요리에 자극을 받은 것일까? 손님들은 햄버그 정식과 카레라이스도 훨씬 맛있어지고 양도 늘었다고 입을 모아 칭찬했다.

예전에는 한산했던 오전, 오후 시간대에도 피자와 샐러드 세트 뷔페를 먹으려는 손님이 몰려들었다. 뷔페 메뉴의 판매 예상량을 100인분에서 200인분으로 늘렸지만 그래도 충분하지 않았다. 그리하여 하루 영업시간이 끝나면 피자와 샐러드 그릇은 텅텅 비어 있었다.

다른 식재료도 미츠즈카 대신 준코가 발주하면서부터 재고가 눈에 띄게 줄었다. 준코의 말처럼 주방에서 일하면 어떤 메뉴가 잘 팔리는지 날마다 파악할 수 있기 때문이다. 그 정보를 재료 발주에 반영한 결과였다.

재고 회전 속도가 빨라지고 한계이익률이 높아짐에 따라 잠재 이익(PP)이 올라가서 이익을 내는 능력이 커졌다. 당연히 본사는 놀라울 만큼 자금 운영이 쉬워졌다며 신 나서 어쩔 줄을 몰랐다.

아르바이트생들은 '고객 만족'이 어떤 의미인지 확실하게 이해하게 됐다. 고객이 무엇을 원하는지, 그리고 무엇에 만족하는지. 손님을 위해서 자신은 무엇을 할 수 있는지. 홀과 주방에서 일하는 종업원들은 설문 조사 결과와 손님과의 대화에서 얻은 정보를 가져와 검토한 뒤 아이디어를 내놓고 곧바로 그

아이디어를 실행했다.

이러한 노력의 결과, 로미즈가 되살아났다는 소문이 그 지역에 순식간에 퍼져 나갔다. 손님이 손님을 불러와서 꺼져가던 촛불이 다시 한 번 활활 타오르기 시작했다.

고객 관점과 내부 프로세스 혁신이 딱 맞물려 센노하타점이 다시 전성기를 구가하게 된 것이다.

그 결과 지난 12월의 재무제표가 무려 33개월 만에 흑자로 전환됐다. 매출은 목표 매출액인 1,000만 엔을 달성하고 재료비를 30% 수준으로 낮춘 결과 겨우 10만 엔이긴 하지만 공헌이익이 플러스가 된 것이다.

미츠즈카에게서 희소식을 전해 들은 센노하타점 종업원들은 크게 기뻐했다. 이대로 나간다면 1월 실적은 더 좋을 것이다.

'우리도 하면 되는구나.'

히카리는 한동안 큰일을 해냈다는 성취감에 젖어 있었다.

그러나 그들에게는 또 한 가지 중대한 과제가 남아 있었다.

1월 15일, 테이블이 만석이냐 아니냐에 따라 분쿄은행이 추가 대출을 결정한다는 이야기는 미츠즈카에게 들어서 이미 알고 있었다. 그날 분쿄은행의 지점장과 로미즈의 마치무라 사장이 직접 점포에 와서 그 사실을 확인할 예정이었다.

카퍼즈의 영업 개시일에 센노하타점의 테이블을 꽉 채운다. 그것이 그들에게 주어진 또 하나의 과제였다.

히카리에게는 생각이 있었다. 그날을 고객 감사 축제일로 정해 오히려 카퍼즈에서 손님을 빼앗아올 작정이었다. 히카리와 아르바이트생들은 불가능해 보이는 목표를 향해 전속력으로 달려갔다.

1월 15일, 카퍼즈 영업 개시

드디어 그날이 왔다. 카퍼즈가 문을 여는 시각은 오전 11시다. 히카리는 사람들과 의논해서 일부러 로미즈의 개점 시간도 11시로 늦춰서 정면 승부를 한다는 작전을 짰다.

아침 8시. 히카리가 센노하타점으로 출근했을 때 사무실에서는 미츠즈카가 혼잣말을 중얼거리며 서성거리고 있었다. 히카리는 그런 미츠즈카를 배려해 점포 밖으로 나갔다. 카퍼즈 점포 문 앞에는 검은 코트에 검은 스키모를 눌러쓴 남자가 서 있었다.

"벌써 줄을 섰구나."

히카리는 초조해졌다.

한 시간 뒤. 히카리가 다시 한 번 확인하러 밖으로 나왔을 때

믿을 수 없는 광경이 눈앞에 펼쳐졌다. 어림잡아봐도 100명 가까운 사람이 카퍼즈 앞에 줄지어 있었던 것이다. 하지만 로미즈 앞에는 단 한 명도 없었다.

'어렵게 준비한 '비장의 무기'가 무용지물이 되면 어쩌지?'

멍하니 서 있는 히카리 곁으로 미츠즈카가 다가와 귓가에 속삭였다.

"저쪽은 티셔츠와 유효기간이 1년인 피자 무료 시식권을 나눠줄 건가 봐. 돈으로 밀어붙이겠다 이거지."

미츠즈카의 얼굴에는 분하다는 기색이 역력했다.

그때 마나미가 와서 아르바이트생이 모두 모였다고 전했다.

"드디어 작전 개시네요."

오전 11시. 카퍼즈에서 경쾌한 음악이 흘러나왔다. 드디어 점포가 문을 연 것이다. 히카리는 창 너머로 그 모습을 바라보았다. 200명이 넘는 행렬이 보였다.

행동 개시!

미리 계획한 대로 센노하타점 종업원들이 점포 입구에 나란히 섰을 때였다. 점포 창문이 열리며 주방에서 향긋한 음식 냄

새가 풍겨 나왔다. 특제 푸아그라 덮밥이었다. 사람을 홀리는 향긋함에 끌렸는지 카퍼즈 앞에 줄을 섰던 손님이 하나둘 로미즈 쪽으로 방향을 돌렸다. 그런데 그들의 손에는 못 보던 전단지가 들려 있었다. 손님 중 한 명이 전단지를 내밀며 히카리에게 말을 걸었다.

"이 메뉴를 500엔에 먹을 수 있다는 거죠?"

'고객 감사 축제'라고 쓰여 있는 전단지였다. 그러나 센노하타점 종업원들은 그런 전단지를 만든 기억이 없었다.

원래는 1,200엔에 제공하는 30개 한정품인 푸아그라 덮밥을 오늘은 수량 제한 없이 더구나 500엔이라는 파격적인 가격으로 팔아치운다. 이것이 그들이 준비해둔 '비장의 무기'였다.

사에코와 리카도 점포 입구에 나란히 서서 손님들 이름을 부르며 반갑게 맞이했다.

"어서 와요, 레이나. 오늘도 스트로베리 파르페인가요?"

두 사람의 머릿속에는 단골손님의 이름과 좋아하는 메뉴가 입력돼 있었다. 손님들이 차례차례 로미즈에 들어왔다. 아무도 예상하지 못했던 광경이었다.

"장사가 엄청나게 잘 되잖아. 종업원들의 표정도 활기차고."

이렇게 미츠즈카에게 말을 건 사람은 상황을 살피러 들른 분쿄은행의 다카다 지점장이었다.

"오늘의 추천 메뉴는 뭐죠?"

다카다가 금융계 종사자다운 싹싹한 어조로 물었다.

"네, 오늘의 추천 메뉴는 푸아그라 덮밥입니다."

"그거 듣기에도 고급스럽군요. 그럼 푸아그라 덮밥을 하나 가져다주세요."

조금 뒤 히카리가 푸아그라 덮밥을 가져왔다.

"이게 500엔이라고요!"

다카다는 깜짝 놀라며 푸아그라 덮밥을 한 입 먹었다. 그리고 몸을 뒤로 젖히며 외쳤다.

"맛있어요!"

다카다의 얼굴에 미소가 번졌다. 그러나 이내 진지한 표정으로 돌아와 소리를 낮춰 질문했다.

"이 맛에 이 가격으로 정말 이익이 난단 말입니까?"

"물론입니다."

미츠즈카가 자신 있게 대답했다.

"그럼 됐습니다. 그런데 누구 아이디어입니까?"

"주방에서 일하는 종업원들의 생각입니다."

"맛있으면서도 느끼하지 않군요. 게다가 덮밥은 단시간에 만들 수 있으니 손님을 기다리게 하지 않아도 되고요."

그때 마치무라 신스케 사장이 나타나 다카다 지점장에게 정중하게 인사했다.

세 사람이 대화를 나누는 자리에 히카리가 와서 말했다.

"여러분, 죄송하지만 잠깐 이리로 와주시겠습니까?"

히카리는 카퍼즈와 로미즈의 입구가 동시에 보이는 창가로 그들을 안내했다.

"저길 보세요."

여전히 긴 줄이 보였다. 그러나 그 줄은 어느새 로미즈에서 시작되고 있었다.

"대단하군."

다카다가 중얼거렸다.

"지난달에는 흑자를 달성했고 오늘은 카퍼즈와 막상막하로 싸우고 있군요. 사장님, 앞으로도 이렇게만 해주십시오."

카퍼즈 임원 회의

"우리가 졌군."

야마노우치 소스케 회장의 말에 마사오 사장은 자신의 귀를 의심했다.

"단 하루였습니다. 승부는 이제부터 시작입니다. 우리에게는 자금력이 있습니다. 한 달 뒤 로미즈 센노하타점은 문을 닫게 될 겁니다."

"우리의 승리 전략인 저가 전술을 펼쳤는데 진 거야. 그 점은 인정해야 해."

"회장님답지 않으십니다. 대체 왜 그러시는 거죠?"

축 처진 어깨로 맥없이 있는 소스케의 뒷모습을 보며 마사오는 이제 아버지도 늙으셨다는 생각이 들었다.

"아직도 모르겠나! 우리 비즈니스 모델이 통하지 않았던 거야. 손님들이 저렴한 가격 대신 로미즈의 무엇인가를 선택한 거라고. 그 무엇인가가 무엇인지 알아내지 못한다면 우리는 로미즈를 이길 수 없는 거다."

소스케는 벌떡 일어나 획 돌아서더니 갑자기 마사오에게 이렇게 말했다.

"사장실에만 틀어박혀 있지 말고 로미즈 센노하타점의 비밀을 알아내도록 해!"

마지막 강의

-2월-

ㅏㅜㅓ

고급 프렌치 레스토랑에서 클러크십 수료를 축하하다

히카리는 약속 시간 5분 전에 아즈미가 정한 에비스의 중후한 프렌치 레스토랑에 도착했다.

아즈미의 이름을 대자 등을 쭉 펴고 서 있던 웨이터가 "먼저 와 계십니다. 이쪽으로 오시죠"라고 말하며 히카리를 안내했다. 영화에서나 봄 직한 화려하고도 품격 있는 방이었다.

"이봐, 여기야."

아즈미는 평소의 웃는 얼굴로 히카리를 맞이했다.

"오늘은 자네가 클러크십을 무사히 마친 것을 축하하려고 불렀네."

"그래서 이렇게 비싼 레스토랑에서 맛있는 걸 사주시는 건가요?"

"돈 걱정은 하지 말게. 로미즈 사장이 내 오랜 친구라고. 자네가 이번에 로미즈에 크게 공헌을 했고 내가 자네를 소개해줬으니 고맙다는 의미로 오늘 먹고 마시는 비용을 모두 부담한다더군. 그러니까 실컷 먹으라고."

아즈미는 이렇게 말하고는 곧장 메뉴판에서 가장 비싼 샴페인을 주문했다.

"크루그 로제 샴페인 부탁하네."

조금 뒤 소믈리에가 샴페인을 갖고 방으로 들어와서 아즈미에게 에티켓을 확인하게 한 다음 코르크 마개를 뽑았다. 그 순간 샴페인 병 밑바닥에서 거품이 잔뜩 올라왔다. 소믈리에는 아즈미와 히카리의 잔에 핑크색 액체를 조용히 따랐다.

"무사히 클러크십을 마친 것을 축하하며, 건배!"

"감사합니다."

샴페인이 순식간에 아즈미의 입안으로 흘러들어갔다.

"이제 센노하타점이 문을 닫지 않아도 된다면서? 자네의 열정이 그 점포를 구했네."

그 말에 히카리는 고개를 저었다.

"손님과 점포 동료들, 점장님, 아즈미 교수님, 그리고 이노키 선배님 덕분이에요. 저 혼자서는 분교은행이 제안했던 추가 대출 조건을 충족시키지 못했을 거예요."

"그 조건이라는 게 뭐였지?"

아즈미가 샴페인을 마시며 물었다.

"조건은 두 가지였어요. 하나는 지난해 말까지 월별 재무제표를 흑자로 만들 것. 그리고 다른 하나는 1월 15일 카퍼즈의 영업 개시일에 우리 점포의 테이블을 꽉 채울 것. 둘 다 일부러 괴롭히려고 내세운 게 아닐까 싶을 정도로 저희에게는 힘든 조건이었어요."

"그야 당연히 괴롭히려고 내건 조건이지. 하지만 자네들은 그 조건을 보기 좋게 해결했어. 대단한 일이야."

"…"

이노키가 마음에 걸렸다. 지금 생각해보면 이노키가 만든 액션 플랜은 정답에서 벗어난 부분이 많았다. 하지만 숫자를 중요시하는 이노키의 자세에서 배울 점 또한 많았다.

"이노키 군이 무슨 생각으로 로미즈를 떠났는지 알고 싶은 거로군. 그럼 이걸 읽어봐. 이노키 군이 나한테 보낸 편지야."

아즈미는 양복 안주머니에서 편지를 꺼내 히카리에게 건넸다. 히카리는 검은색 잉크로 한 자 한 자 정성껏 쓴 글씨를 눈으로 좇았다.

✉️ 아즈미 교수님께

교수님, 오랜만에 연락드립니다. 별일 없으신지요? 저는 새아버지의 소개로 아키타 현에 있는 종업원 30명이 일하는 전자 부품 제조 회사에서 하루하루를 충실하게 보내고 있습니다.

지난주 로미즈의 미츠즈카 점장에게 전화를 했습니다. 센노하타점이 문을 닫지 않아도 된다고 해서 진심으로 기뻤습니다. 그리고 마지막 순간에 아주 조금이지만 저도 힘을 보탰을지 모르겠다는 생각이 들어 조금은 구제받은 기분이 들었습니다.

제가 로미즈에 입사한 뒤 센노하타점은 계속 적자를 냈습니다. 저는 관리회계를 잘 이용하면 충분히 회사를 경영할 수 있다는 망상에 사로잡혀 있었습니다. 교수님께서 몇 번이나 지적하셨을 때도 몰랐던 일을 히카리를 비롯한 학생들이 이뤄낸 것을 알고 그제야 교수님의 가르침이 어떤 의미였는지 이해할 수 있었습니다. 사람은 몸소 경험하지 않은 일은 이해할 수 없는 것 같습니다.

교수님, 웃지 말아주십시오.

학생이었을 때 경험했어야 하는 클러크십을 늦었지만 지금 다니는 회사에서 하고 있습니다. 제가 하는 일은 관리회계 시스템 설계입니다. 업무 내용을 이해해야만 관리회계 시스템을 설계할 수 있고 관리회계 시스템을 이해해야만 회계 수치를 제대로 해석할 수 있다는 것을 이제야 비로소 깨닫게 됐습니다.

제가 만든 관리회계 시스템이 이 회사를 경영하는 데 도움이 될 때 당당하게 교수님을 뵙고 싶습니다. 그때 부디 시간을 내주시기 바랍니다.

－이노키 준페이 드림

히카리는 편지를 다 읽고서 아즈미에게 돌려주었다.

그러자 아즈미는 히카리에게 이런 말을 했다.

"1월 15일에 기적이 일어났지. 자네, 그 기적이 어떻게 일어났는지 알고 싶지 않나?"

히카리에게도 마음에 걸리는 점이 있었다.

"그날 누군가가 '고객 감사 축제'라는 전단지를 배포한 모양이에요. 그날 거둔 성공은 그 전단지가 없었다면 불가능했을 거예요."

아즈미는 고개를 끄덕이며 이렇게 말했다.

"이노키 군이야. 이노키 군이 그날 카퍼즈가 문 열기를 기다리며 맨 먼저 줄을 섰네. 그리고 자신이 만든 전단지를 손님들에게 나눠준 거야. 물론 전단지를 받았다고 해서 손님이 무조건 움직일 리 없지. 어떻게 그런 기적이 일어났을까? 그건 그날이 로미즈 센노하타점에 얼마나 중요한 날인지 이노키 군이 열정적으로 설명한 덕분이야. 그 사실을 알게 된 주민들이 자기

동네의 점포를 지키고자 로미즈로 발길을 돌린 거야."

'그렇게 된 거였구나.'

하지만 여전히 이해되지 않는 점이 있었다. 아즈미는 그 사실을 어떻게 알았을까?

"사실은 나도 카퍼즈에서 나눠주는 티셔츠와 피자 무료 시식권을 받으려고 그리로 갔지 뭔가."

히카리는 웃음이 터져 나오려는 것을 간신히 참으며 잔을 들었다.

"교수님과 이노키 선배를 위하여, 건배!"

회계학 콘서트 ④비용 절감

제1판 1쇄 인쇄 | 2018년 2월 26일
제1판 1쇄 발행 | 2018년 3월 5일

지은이 | 하야시 아츠무
옮긴이 | 오시연
펴낸이 | 한경준
펴낸곳 | 한국경제신문 한경BP
편집주간 | 전준석
책임편집 | 황혜정
기획 | 유능한
저작권 | 백상아
홍보 | 남영란 · 조아라
마케팅 | 배한일 · 김규형
디자인 | 김홍신
본문디자인 | 디자인현

주소 | 서울특별시 중구 청파로 463
기획출판팀 | 02-3604-553~6
영업마케팅팀 | 02-3604-595, 583 FAX | 02-3604-599
H | http://bp.hankyung.com   E | bp@hankyung.com
T | @hankbp   F | www.facebook.com/hankyungbp
등록 | 제 2-315(1967. 5. 15)

ISBN   978-89-475-4316-3   03320